はじめての観光魅力学

山口一美［編著］

創成社

はじめに

本書の目的

　2007年1月に観光立国推進基本法が制定され，そこには4つの基本的方針が掲げられている。それらは，1）国際競争力の高い魅力ある観光地の形成，2）観光産業の国際競争力の強化及び観光の振興に寄与する人材の育成，3）国際観光の振興，4）観光旅行のための環境の整備である。これら方針のなかで，とりわけ2）に掲げられている観光振興に寄与する人材の育成は急務の課題であると思われる。それは，国際競争力の高い魅力ある観光地を形成し，観光産業の国際競争力を強化するためには，その地域の魅力を発見し，地域資源を活かした観光地づくりを推進できる人材が必要だからである。

　また，観光者の個々の旅行に対するニーズの変化から，団体で観光地をめぐる周遊型の旅行に替わって，少人数であるいは個人で参加をする地域体験型の旅行や交流型の旅行などが注目されてきている。観光者は旅行経験を通して，自分の生活や地域の活動を見直し，より有意義な人生を生きたいと考えはじめているのである。このことは観光業において，従来とは異なった観光商品を創造し，企画し，そして発信することが必要であり，それらを実行できる人材の育成が課題であることを示している。この課題を達成するためには，観光に関する基礎知識に加えて，魅力ある地域資源を発見する方法を習得し，それを観光商品として企画提案し，発表する能力を育成することが必要である。

　本書は，上記に述べた知識や能力をもった人材を育成することを目的として書かれている。本書の読者は，観光事業者や地方自治体の職員の方々，地域住民の方々，観光学を学んでいる大学院生と学部生，そして広く観光に興味をもっている方々を想定している。そこで理解しやすい内容，記述を心がけ，観光事業者の企業研修や観光学の講義でもテキストとして用いることが可能なように，基礎的な事項を盛り込み，またコラムを通して具体的な地域の取り組みも

紹介している。

本書の構成

　本書は，第四部から構成されている。第Ⅰ部で観光業についての基礎知識を学んだうえで，第Ⅱ部で新しい観光業（ニューツーリズム）について理解を深め，第Ⅲ部でもてなし力の高い観光業のあり方を修得し，第Ⅳ部で実際にどのように観光業として魅力あるツアーを創造し，企画し，そして発信していくのかを学ぶ構成になっている。

　本書の構成の詳細は，以下の通りである。

　第Ⅰ部では，観光業とは何か，観光業が人と人との交流を生み出し，その交流を通して人々が喜びを見出す，素晴らしい生業（なりわい）であることについて明らかにする。第1章では観光とは何かについて概観し，続く，第2章では観光業が地域活性化に及ぼす影響について考える。観光業にとって食は切り離すことのできない要素であることから，第3章で観光業と食とのかかわりについて論じる。

　第Ⅱ部では，観光者のニーズの変化にともない，新しい多様なツーリズムが生まれていることから，それらのツーリズムについてみていく。第4章では，変化している観光者のニーズについて概観したうえで，第5章では，持続可能な観光であるエコツーリズムとグリーン・ツーリズムについて明らかにする。第6章では，美術館や文化施設などをめぐるアートツーリズムについて，その魅力に触れる。

　第Ⅲ部では，観光業において交流を深めていくためには，ホストのおもてなし力が重要となる。そこで第7章では，おもてなしの心であるホスピタリティをどのように提供すればよいか，その方法について考え，続く，第8章では，観光者におもてなしの心をどの程度感じてもらえたのか，顧客者の満足度を測る方法について明らかにする。第9章では，おもてなしで観光者満足を高めるための効果的なマーケティング方法について論じる。

　第Ⅳ部では，地域の資源を発掘し，それを旅行企画として造成し，社会へ発

信していく方法について述べる。第10章では，地域の魅力（宝）を探し，それをより魅力的なものへと磨きあげる方法について学ぶ。第11章では，持続可能な観光を考えるうえで重要な役割を果たすと思われるガイドの技術について学び，第12章では，磨いた地域の魅力を旅行商品として企画し，形を整える方法について明らかにしていく。

また，各部の最後には「コラム」を配し，地域活性化への試みの事例やその想いを，観光事業者や一般企業経営者としての立場から，あるいは自治体の立場からご寄稿をいただいている。こうした「コラム」にご寄稿いただいたのは，実際に何らかの形で観光にかかわり，地域住民でもあり，地域に愛着をもっている方々からの声は観光の新たな魅力を見出すための示唆を与えてくれると考えたからである。

観光は，"住んでよし訪れてよしの国づくり"において重要な役割を果たす産業であり，研究領域としても今後ますます発展していくことが期待されている。したがって，本書が，地域の魅力を発見し，地域資源を活かした観光地づくりを推進できる人材の育成の一助となることを祈ってやまない。

2011年9月

山口一美

目　　次

はじめに

第Ⅰ部　観光業とは何だろう —この素晴らしき生業—

第1章　観光とは ―――――――――――――――――― 3
第1節　はじめに ―― 今，なぜ観光が注目されているのだろうか … 3
第2節　観光の定義 ……………………………………… 3
第3節　観光の意義 ―― 経済活動としての観光 ……… 5
第4節　観光産業の担い手と流通 ……………………… 9
第5節　新たな潮流 ―― 着地型観光 …………………… 13
第6節　おわりに ―― 観光産業の新たな試み ………… 17

第2章　観光業と地域活性化 ―――――――――――― 19
第1節　はじめに ―― 観光業のとらえ方と地域の発想 … 19
第2節　暮らしベースの地域社会論 …………………… 23
第3節　観光と地域と人の接続 ………………………… 26
第4節　まちを統合する「思想」の重要性 …………… 28
第5節　人々の思い（あるいは思想）はいかにつながるか … 31
第6節　おわりに ―― 観光場所の形成へ ……………… 32

第3章　観光業と食 ――――――――――――――――― 34
第1節　はじめに ………………………………………… 34
第2節　「観光と食」とアベセデスマップ ……………… 34
第3節　欧米の「食」ブランドが強い理由 …………… 37
第4節　ニューヨークの「食」とガイドブック ……… 39
第5節　「観光と食」の官民協同 ………………………… 42
第6節　おわりに ………………………………………… 43

COLUMN 01　タコせんべいを通して茅ヶ崎を活性化 ……… 45
COLUMN 02　観光振興と観光協会の役割 …………………… 47

第Ⅱ部　多様なツーリズム ─変化している観光客のニーズ─

第4章　多様化・成熟化する観光ニーズ ─── 51
第1節　はじめに ── 変化する観光ニーズ ………………… 51
第2節　観光市場の多様化 ── 十人一色から十人十色へ ……… 51
第3節　個人内の多様化 ── 一人十色の観光ニーズ ………… 61
第4節　おわりに ── 成熟化する観光ニーズ …………………… 65

第5章　エコツーリズムとグリーン・ツーリズム ─── 67
第1節　はじめに ………………………………………………… 67
第2節　「観光」から「感幸」へ ── 観光のありようが変わって
　　　　きた …………………………………………………… 67
第3節　エコツーリズム ………………………………………… 69
第4節　グリーン・ツーリズム ………………………………… 78
第5節　おわりに ── エコツーリズム，グリーン・ツーリズムの
　　　　課題と展望 …………………………………………… 82

第6章　アート・文化とツーリズム ─── 85
第1節　はじめに ………………………………………………… 85
第2節　ツーリズムにおけるアート＆文化 …………………… 87
第3節　アートと観光：アートが街をつなぎ，人を動かす
　　　　── 瀬戸内地方の試み ………………………………… 90
第4節　文化と観光：恐竜博物館を街のメッカに
　　　　── 福井県の試み ……………………………………… 93
第5節　おわりに ………………………………………………… 97

COLUMN 03　サーフィンを通して環境保護 ……………… 99

COLUMN 04　都市型直売農家と観光 ……………………………… 101

```
第Ⅲ部　おもてなし力を磨く
　　　　―今日からはじめる実践おもてなし―
```

第7章　ホスピタリティの技術─────────── 105
　第1節　はじめに ………………………………………… 105
　第2節　ホスピタリティあふれたサービスとコミュニケーション
　　　　　　……………………………………………………… 106
　第3節　コミュニケーションスキル ── "きき方"と"話し方"
　　　　　　……………………………………………………… 109
　第4節　コミュニケーションスキル ── 表情と笑顔，あいさつ，
　　　　　身だしなみ ……………………………………… 111
　第5節　おわりに ………………………………………… 114

第8章　顧客満足を測る─────────────── 119
　第1節　はじめに ………………………………………… 119
　第2節　顧客満足とは …………………………………… 120
　第3節　顧客満足と顧客ロイヤルティ ………………… 124
　第4節　顧客満足度調査 ………………………………… 126
　第5節　おわりに ………………………………………… 131

第9章　おもてなしが届くマーケティング─────── 132
　第1節　はじめに ………………………………………… 132
　第2節　「おもてなし」とマーケティング …………… 134
　第3節　「おもてなし」をマーケティング視点で設計する … 136
　第4節　おわりに ………………………………………… 147

COLUMN 05　古いものを残しておもてなし ……………… 148

第Ⅳ部　資源発掘からツアーづくりへ
　　　―手づくりのぬくもりを届ける―

第10章　宝探しから宝磨きへ ——————— 153
　第1節　はじめに ── 魅力は足元にある ……………… 153
　第2節　二戸市ではじまった「宝探し」……………… 154
　第3節　宝探しの5段階理論 ……………………………… 162
　第4節　地元学とエコミュージアム …………………… 166
　第5節　地域主導型観光 ………………………………… 167

第11章　エコツアーガイド・プログラム ——————— 170
　第1節　はじめに ── エコツアーガイド・プログラムとは ……… 170
　第2節　エコツアーガイドツアーにおける技術 ……… 171
　第3節　エコツアーの魅力の表現 ……………………… 172
　第4節　おわりに ………………………………………… 179

第12章　成功する着地型旅行商品企画とは ——————— 181
　第1節　はじめに ── 地域資源を活用した旅行商品とは ……… 181
　第2節　マーケティング戦略に基づいた着地型旅行商品
　　　　　企画とは ………………………………………… 183
　第3節　＜事例紹介＞成功する着地型旅行とは？ …… 191
　第4節　おわりに ………………………………………… 193

　COLUMN 06　湘南茅ヶ崎の観光
　　　　　　　── 魚市場視点よりの現在と将来 ……… 194
　COLUMN 07　役所を通して観光の魅力を発見 ……… 197

引用文献　199
おわりに　205
索　　引　207

第Ⅰ部

観光業とは何だろう
―この素晴らしき生業(なりわい)―

第1章
観光とは

第1節　はじめに ── 今, なぜ観光が注目されているのだろうか

　観光は21世紀のリーディング産業と呼ばれ, 現在世界の多くの国, そして日本の各地域が観光振興に力を入れている。それは一体どうしてなのだろうか。観光にはさまざまな力があるといわれるが, そのなかでも外貨を獲得し, 国や地域の経済を活性化する力 ＝ 経済の力があるからである。また, 観光は国や地域が有する各種の資源（自然, 文化, 歴史, 暮らし方など）を商品化することでもあるため, 観光を通してこれらの資源を保護しつつ持続的に商品として活用することができたならば, 長い目でみたときの国づくり, 地域づくりの推進力となり得るからである。そこで, 本章では観光を経済活動の視点からとらえ, その性質を明らかにしていきながら, 日本における観光産業の特徴と課題についての理解を深めたい。

第2節　観光の定義

　あなたがこれから学ぶ「観光」とはどのように定義されているのだろうか。その視点はさまざまあるが, ひとつのアプローチは旅行者の意思や行動に着目することである。旅行者を軸にみた場合,
　観光とは：
　① 人々が自分の意思により,

② 通常の労働（や勉学）から一時的に解放されて，
③ 普段生活している場所とは異なる場所に移動し，
④ 普段の生活とは異なる何かを経験する状態，

といえるだろう（スミス，Smith, 1989）。

　たとえば，大学生の友人同士でのタイへの旅行を考えてみよう。あなたは大学の先生やご両親から命令されて旅行に行くわけではなく，友人と話し合って自分の意思でその旅行を決めるだろう（条件①）。旅行のあいだ，あなたはアルバイトに行かないし，大学の講義にも出ない（条件②）。そして旅行先はあなたの自宅からは離れたところにあり（条件③），そこでは本格的なタイ料理を味わったり，熱帯の風景を楽しんだり，山岳地帯の少数民族の村を訪れたりするかもしれない（条件④）。あなたが最近行った旅行について考えてみよう。上記の観光の定義の①から④の条件に当てはまっているだろうか。

　ところで，このような観光の活動はいつ頃からはじまったのだろうか。

　もちろん，人は昔から移動としての「旅」をしてきた。私たちの祖先はアフリカで誕生したとされ，その後，より生活しやすい土地を求め，あるいは敵対する部族や民族との戦いに敗れて，大陸を越え，大海原を越えて移動してきた。人類の歴史のなかで，定住する生活が一般的になった後も，人々は頻繁に旅をしている。よく知られているのは，交易のための旅（たとえばマルコポーロ）や冒険の旅（たとえばマゼランやコロンブス）などである。

　しかし，これらの旅は人々が生きていくためにやむにやまれぬ状況から生まれた旅であったり，富を築くための旅であったりしたようだ。現代の私たちが行う旅 ＝ 観光，とは性質が異なるように思える。もちろん，現代でも仕事上の出張旅行などのように，観光ではない旅をする機会も非常に多くあるが，今私たちが対象としようとしている観光とは，家族での海水浴旅行であったり，友人と世界遺産をみに行く旅であったりする。あるいは，農村の民宿に泊まって農業体験をすることだったりもする。すなわち，現代の旅 ＝ 観光，とは生きていくために避けては通れない必須の活動としての旅ではなく，通常の労働や勉学に費やす以外の時間（＝ 余暇）における選択肢のひとつとしての旅であ

るということができる。

　つまり，上記の観光の定義のうち，③と④を満たすものが「旅」であり，そこに①と②という条件が加わったものが「観光」であるということができるだろう⁽¹⁾。

　世界の多くの国や日本各地で観光振興が盛んであるということは，「自分の意思で，通常の労働（や勉学）から一時的に解放されて」旅に出かけることができる人が多く存在するような，そんな社会に私たちが生きている，ということである。UNWTO（世界観光機関）の発表によれば2009年に海外を旅行した人の数は約9億2千万人である。1960年の数値が約2,500万人だったので，約50年間で約37倍に膨らんだことになる。世界は観光の時代を迎えたかのようである。

　しかし，2010年の海外旅行者数は世界の人口の約13パーセントであることも忘れてはならない。観光は世界規模で広がる現象であるとともに，世界の全人口のなかでみれば，まだ限られた一部の人々，経済的に恵まれた人々だけが享受できる活動なのである。

　そのなかでも特に，近年BRICs（Brazil, Russia, India, China）やアジア諸国などの経済新興国では，国民所得の上昇にともなって観光市場が急成長を続けており，これらの国々からの旅行者を自国に誘致しようと，日本をはじめ世界各国が観光振興に力を入れている。

第3節　観光の意義 ── 経済活動としての観光

　観光には5つの力があるといわれる。「経済の力」「教育の力」「文化の力」「交流の力」「健康の力」である（JATA　ウェブサイト「旅の力について」）。

　観光が21世紀のリーディング産業と呼ばれ，世界の多くの国，そして日本の各地域が観光振興に力を入れているのは，上記の5つの力のなかで特に「経済の力」が注目されているからである。前節での「観光」の定義と関連づけて，経済活動としての観光の性質を整理してみよう。

1．経済波及効果

　観光は，普段生活している場所とは異なる場所（＝観光目的地）に移動することを条件としているので，普段生活している地域で行われている消費（物を買ったり，飲食をしたりすること）が観光目的地において行われることになる。また，観光は普段の生活とは異なる何かを体験する状態を指しているので，その観光目的地ならではの活動（たとえば，青森のねぶた祭りや小笠原諸島でのドルフィンスイムなど）への参加が行われたりする。いずれの場合も，観光を通じた消費活動によって観光目的地では観光収入が得られることになる。

　これらの収入は，観光目的地で観光事業（ホテル，レストラン，土産物店，現地の旅行会社など）を営む組織で働く人々の所得となったり，観光目的地の自治体にとっての税収となる。また，観光事業者と取引をしている別の事業者の収入にも結びつく（たとえば，ホテルに野菜を卸している地元の農家，改修工事を行う建設業など）。

　観光の経済活動が活発に行われると，観光事業者のなかには事業を拡大しようとする者が出てくるかもしれない（たとえばホテルの新館を建設するなど）。その結果，従業員数を増やしたり（雇用の創出），取引業者との取引を増大させた

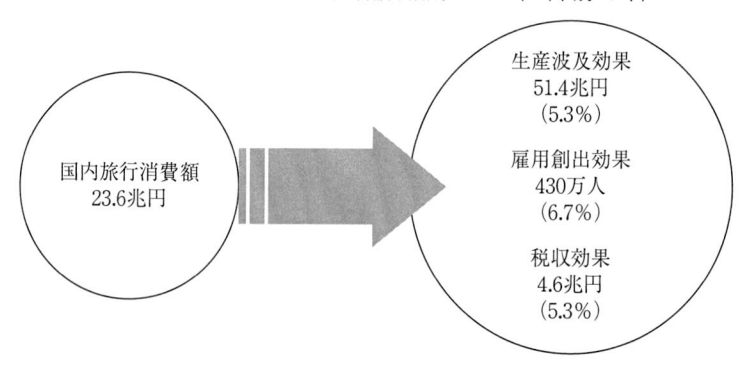

図表1－1　観光による経済波及効果　2008年（平成20年）

国内旅行消費額　23.6兆円　→　生産波及効果　51.4兆円（5.3%）／雇用創出効果　430万人（6.7%）／税収効果　4.6兆円（5.3%）

　（注）（%）は，生産波及効果はGDPに対する割合，雇用創出効果は全雇用に対する割合，税収効果は全税収に対する割合を示している。
出所：国土交通省観光庁（2010）を基に作成。

りすることもあるだろう。このように，旅行者が普段生活している場所を離れて観光を行うことにより，観光目的地の地域社会に様々な経済的効果が生ずることを「観光の経済波及効果」と呼ぶ[2]。

2．輸出としての観光

　国内観光においても上記のような経済波及効果はみられるが，国際観光においてはさらに影響力が大きくなる。それはなぜだろうか。海外からの旅行者が観光を通して行う消費は，旅行者を受け入れる国にとって「輸出」に当たり，外貨の獲得になるからだ。国内で生産された観光の商品（観光の商品については次項で詳しく述べる）を国内の顧客が購入するのが国内観光であるとすれば，国内で生産された観光の商品を海外の顧客が購入するのが国際観光（ここではインバウンド）である。すなわち，国際観光とは，観光の商品を購入する顧客の範囲が国内だけはなく海外にも広がること，すなわちある国にとっての観光市場の拡大を意味している。もちろん，そのためには海外の顧客に訴求するような魅力的な観光の商品が国内に存在し，その魅力を効果的に発信することが必要となる。

3．サービス産業

　観光では，普段生活している場所とは異なる場所に移動し，そこで普段の生活とは異なる何かを経験するが，その過程ではどのような消費が行われるだろうか。前述のタイへの旅行の例で考えてみよう。あなたは旅行会社のパンフレットのなかから，さまざまな選択肢を吟味のうえ，ひとつのツアーを選んだとしよう。そのツアー代金は旅行会社に支払われるが，実際にあなたがツアーに参加すると，ツアー代金に含まれるさまざまなサービスが旅行会社以外の観光事業者から提供されるだろう。観光目的地への移動では航空会社のお世話になり，空港では現地のガイドさんが迎えに来ていて，観光案内をしてもらいながらホテルに到着する。ホテルでは宿泊だけでなく，レストランで食事をするかもしれないし，スパでのサービスを受けるかもしれない。ビーチに出ると，さ

まざまなアクティビティが用意されていて，スノーケリングやシーカヤックの体験コースがあるかもしれない。なかにはツアー代金に含まれていないものもあるので，その場合は現地で直接支払いが行われるだろう。

このような一連の観光の活動において，旅行者であるあなたが「買っているもの」，つまり観光の商品とはなんだろうか。洋服や雑誌のような有形製品（モノ）ではなく「無形のサービス」がほとんどである。あなたが（旅行会社を経由して）航空会社から購入したのは「日本から観光目的国への移動」というサービスである。同様に，ホテルから購入したのは「〇泊×日の宿泊・滞在」というサービスである。なかには土産物のように有形製品を購入する場合ももちろんあるが，観光にかかわる事業者が提供しているのは多くの場合，無形のサービスなのである。観光産業はサービス産業としての性質をもっているのだ。

サービス産業は労働集約的産業で，雇用創出効果が大きいといわれる。このことは観光がもつ経済的な意義のなかでも特に重要な点である。それはなぜだろうか。

これまで日本経済は高い技術力と生産性を誇る製造業（自動車，電器，精密機器など）がけん引してきた。しかし，企業間のグローバル競争が激化するなかで，多くの日本企業（製造業）は生産拠点である工場を国内から海外に移している。日本よりも土地代や労働者の賃金が安い国で生産したほうが全体のコストを抑えることができ，結果として企業の競争力が高まると考えられるからである。その影響によって，日本国内の多くの地域で雇用機会が減少し，より雇用機会が多いと考えられる都市への人口移動が加速した。過疎化し疲弊する地方と，人口と富が集中する都会との格差が問題となってきたのである。

そのような日本の状況を考えると，雇用創出効果の大きいサービス産業である観光産業は，地方の経済を活性化する切り札として重要な役割を担っているといえよう。同様に，諸外国にとっても，サービス産業としての観光産業がもつ雇用創出効果に大きな期待が寄せられている。しかも，国や地域にもともと存在している自然，文化，歴史，人びとの暮らし方などが旅行者にとって観光の対象となりうるので，製造業と比べて，初期投資が少なくて済む場合が多い

のである。航空会社やホテルの設立といった規模の大きな観光事業はこの限りではないが，今，すでに各地域にある観光の資源をうまく見つけ出し，商品化することができれば，地域がもつ力によって自律的に経済を活性化する道が観光によって開かれる可能性がある。

経済活動としての観光が以上のような性質をもつがゆえに，日本や諸外国が観光振興により一層の力を注いでいると考えられる。

第4節　観光産業の担い手と流通

経済活動としての観光を動かす仕組みが観光産業である。では，観光産業を形づくるのはどのような業種なのだろうか。また，観光の商品はどのように流通しているのだろうか。本節では日本における観光産業の担い手と流通構造をみてみよう。

1．観光産業を形づくるさまざまな業種

わが国の産業構造や変化を把握するために各種の産業を整理したものを日本標準産業分類（平成19年11月改定）という。たとえば，食品を製造している企業はE-09と分類される。Eは「製造業」を表す大分類項目，そのなかの09は「食料品製造業」を表す中分類項目である。では，観光業はどこに分類されているのだろうか。大分類をA「農業，林業」から順番にみていくと，R「サービス業（他に分類されないもの）」という項目がある。しかし，この項目の下には観光につながるような中分類項目は見当たらない。実は日本標準産業分類には観光業という業種名は存在していないのだ。観光産業を構成する業種のひとつと考えられるホテル業はM-75，鉄道業はH-42，旅行会社はN-79と分類されている。このことから，観光産業はさまざまな異なる部門が連携しあって成り立つ複合的な産業であるという点に特徴がある，ということがわかるだろう。

さらに，観光産業を構成する個々の業種が必ずしも観光にかかわるビジネスだけを取り扱っているとは限らない。たとえば，ホテルとエアラインを考えて

図表1－2　観光産業を構成する業種

観光産業を構成する業種例	日本標準産業分類（大分類・中分類）では	観光以外の需要に対するサービス提供
ホテル	M-75　宿泊業	業務出張，宴会，結婚披露宴など
鉄道	H-42　鉄道業	通勤客，業務出張など
エアライン	H-46　航空運輸業	業務出張，航空貨物など
観光バス	H-43　道路旅客運送業	業務出張など
旅行業	N-79　その他の生活関連サービス	業務出張，各種イベント，コンサルテーションなど
レストラン	M-76　飲食店	地元客など
テーマパーク	N-80　娯楽業	視察団など
土産物店	I-56　各種商品小売業	地元客など
土産物製造業	製造する土産物の種類によって変わる。食品であればE-09食料品製造業，陶器であればE-21窯業・土石製品製造業など。	土産物以外の受注に対する生産（一般の消費用の食品や企業の贈答用の品など）

出所：総務省統計局ホームページ http://www.stat.go.jp/index/seido/sangyo/19-4.htm

みよう。ホテルは観光客だけでなくビジネスの出張客に対してもサービスを提供している。多くのエアラインは観光客を観光目的地に運ぶ（旅客運輸）だけでなく，各種物資を輸送する事業（航空貨物運輸）も展開している。

　つまり，観光産業は複数の業種から成り立つ複合的産業であると同時に，その構成員である各業種は観光以外の需要に対してもサービス提供を行う多角性ももち合わせているのである。

2．観光の流通構造と変革

　このように多くの異なる業種が連携しながら生み出される観光は，具体的にはどのようにして私たち消費者（旅行者）に提供されているのだろうか。ここでは，友人同士でハワイに行くケースを例として，観光の流通を考えてみよう。あなたと友人は旅行会社のウェブサイトでみつけた羽田発ホノルル4泊6日のパッケージツアーに参加することにした。代金には往復の飛行機代，ホテル4

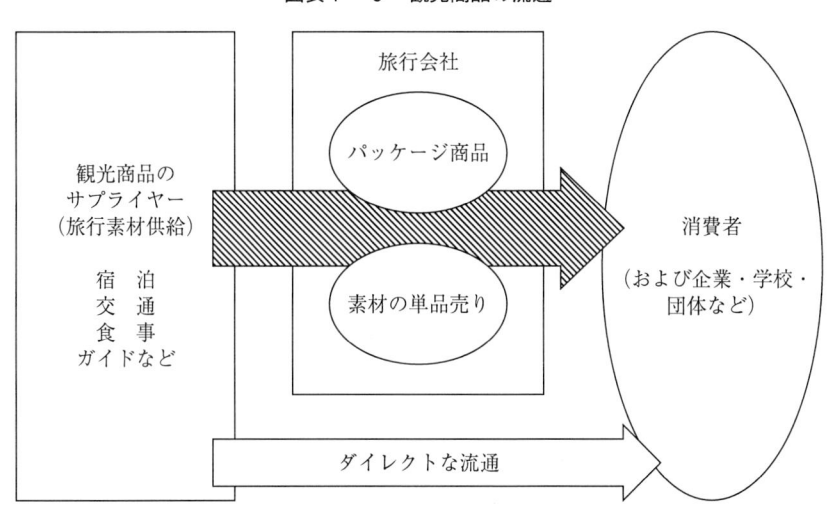

図表1-3　観光商品の流通

```
観光商品の           旅行会社
サプライヤー
（旅行素材供給）    パッケージ商品              消費者
                                            （および企業・学校・
  宿　泊                                       団体など）
  交　通           素材の単品売り
  食　事
  ガイドなど

              ダイレクトな流通
```

泊分と毎朝食，半日市内観光，ディナークルーズが含まれている。添乗員は同行しないが，ホノルルの空港とホテル間の移動および市内観光では日本語を話す現地のガイドさんが同行することになっている。

　あなたが旅行中に受ける観光のサービスそれぞれを「旅行素材」と呼ぶ。羽田－ホノルル間のフライト，ホノルル国際空港からホテルまでの送迎バス（往復），ホテルでの4泊の滞在と朝食，半日市内観光，ディナークルーズなどが今回の旅行の旅行素材である。これらの旅行素材を提供する事業者らは「サプライヤー（旅行素材供給者）」と呼ばれる。

　あなたが旅行会社を通して買ったのは，これらの旅行素材があらかじめセットになって用意されているパッケージツアー（募集型企画旅行）という商品である。この場合，観光の商品は図表1-3の ▨▨▶ の矢印の流れで流通している。

　今度は別のケースを考えてみる。卒業記念旅行として，ひとりでヨーロッパを3週間旅行するケースを例にしてみよう。現地での日程は決めず，成田－ロンドン間の往復の航空券と1泊目のロンドンのホテルだけを予約購入することにした。複数の航空会社のウェブサイトを比較し，フィンランド航空のフライ

トをウェブサイトで予約購入，また，ヨーロッパ内の鉄道に安く乗れる周遊パス（ユーレイルパス）も出発前に専門のサイトで購入しておくことにした。ホテルは「楽天トラベル」のサイトから「海外ホテル予約」を通して市内の安いホテルを予約した。ロンドン到着後は，ガイドブックや現地で集めた情報を頼りに，自由気ままに旅行する。宿泊は，旅行中にスマートフォンから現地情報を収集し，前日のうちに翌日泊まりたい宿を決め，サイトから直接予約する。

　この旅行であなたが受ける観光のサービス＝旅行素材は，成田－ロンドン間のフライト，ヨーロッパ内の鉄道サービス，各地で利用した宿泊先のサービスなどである。これらの旅行素材は，おもに図表１－３の ⇨ で示されるようなルートで流通していることになる。ロンドン１泊目のホテルを予約した際には「楽天トラベル」のような「オンライン専業の旅行会社」を通して旅行素材を購入しているので，この部分については ▨▨▨ のルートを通っていることになる。

　このように，観光が流通する経路は大きく分けると，前者のハワイ旅行のように「サプライヤー」と「消費者」の間に「旅行会社」が介在する場合と，後者のヨーロッパ旅行でのフライトや宿のように「サプライヤー」から「消費者」へダイレクトに旅行素材が流通する場合があることがわかる。後者のようなダイレクトな流通は特に近年その利用が広がってきている。それは，1990年代中頃以降，IT技術が飛躍的に進歩し，インターネットが急速に普及したことによって，サプライヤーと消費者が直接コミュニケーションできる場が増えてきたからである。

　このような変化は観光産業にとって，どのような意味をもつのだろうか。まず，観光のサプライヤーにとっては大きなチャンスである。これまで旅行会社に依存しなければ自社のサービスを知ってもらえなかった遠隔地の消費者に対しても，直接情報を発信し，販売することができるようになったからである。しかし，消費者とのダイレクトなルートはあくまでも手段にしか過ぎないので，サプライヤーが提供する観光商品が魅力的なコンテンツ（内容）でなければ，IT技術という手段を十分に活用することは難しい。旅行会社による流通に頼

らず，サプライヤーが自力で情報発信・販売していく場合には，何よりも観光商品そのものの魅力を高め，その魅力を効果的に伝えることが課題となる。

　一方，旅行会社にとっては，サプライヤーと消費者が直接取引をすることによって，自社の取引の機会が減少してしまうかもしれない。これは大きな脅威である。しかし，こちらも見方を変えればチャンスとなり得る。旅行会社は多くのサプライヤーとこれまで取引をしてきていることが強みになるからだ。消費者の立場で考えるとわかりやすいだろう。たとえば，初めて訪れる旅先のホテルをダイレクトに予約しようとする場合，消費者にとって多くのホテルのサイトをチェックして，ひとつのホテルを選ぶのは時間がかかって大変である。旅行会社では多くのホテルと取引をしているので，1つの旅行会社にあたれば多くのホテルの商品が揃っているため，個々のホテルを自分でチェックするより便利である。その際，消費者が旅行会社の店舗を訪れてホテルを予約する場合と，旅行会社のウェブサイトから予約する場合が考えられる。インターネットの利用に慣れている若者や店舗を訪れる時間のない忙しいビジネスパーソンにとっては後者の方が使い勝手がよいかもしれない。一方，旅の知識が豊富な旅行会社の社員に相談に乗ってもらえる店舗でのサービスに価値を見出す消費者もいるだろう。

　そのように考えると，観光の流通に関しての旅行会社の課題は，店舗ルートでの流通とオンラインでの流通のそれぞれの長所を生かし，異なる特徴をもつ消費者（たとえば年齢層や居住地など）に対してのアプローチ手段をうまく組み合わせる「チャネルミックス戦略」の立案と実行だといえるかもしれない。

第5節　新たな潮流 ── 着地型観光

1．着地型観光の登場

　このようにIT技術の進歩とインターネットの普及は，観光産業の流通構造に大きな変化をもたらしたが，その変化は別の形でも観光産業に新たな動きをもたらしている。「着地型観光」と呼ばれる観光形態の登場である。

着地型観光とは，地域住民が主体となって観光資源を発掘，プログラム化し，旅行商品として発信，販売する観光事業であり，多くは現地集合・現地解散という旅行パターンをとっている（尾家・金井，2008）。これまでの観光産業の中心的プレイヤーとしてのサプライヤーや旅行会社と並んで，地域住民がその中核的な役割を担うような新たな観光の事業展開である。旅行者の「到着地」である観光地や地域が主体となって創られ発信される観光商品，という意味から「着地」という用語が使われている。

　一方，従来型の観光，すなわち旅行者の「出発地」にある旅行会社が主導する観光形態は「発地型観光」と呼ばれている。インターネットの普及以前，到着地側に本拠を置く観光業者は，観光商品を販売するための発信や流通を自力で行うには限界があったため，流通・販売力をもつ旅行会社に頼って販売してもらわざるをえない状況であった。また，旅行会社は全国各地の観光地や観光商品を取り扱えるため，到着地側の観光業者にとって多少不利な条件であっても旅行会社と取引をすることもあった。いい換えれば，旅行会社にとって到着地の観光商品は全国に数多くある旅行素材の1つであり，必要であればいつでも交換できる部品のような状況であったともいえる。従来の観光においては発地側と着地側との関係が必ずしもバランスのとれたものではなかったのである。このような状況を変え，到着地側の住民や観光事業者が主導権を握って観光商品を開発，発信，販売しようとするところに着地型観光の新しさがあるのだ。

　インターネットの普及をはじめとするIT技術の進歩以外にも着地型観光の登場を後押しした力がいくつかある。

　第1に消費者の観光ニーズの多様化と成熟化である。第4章で詳しく述べるが，観光名所を周遊するだけの観光から，その地域ならではの文化，自然，食，暮らしなどを体験するような観光へ，消費者のニーズが変化している。また，同じ一人の人でも，時と場合に応じてさまざまなタイプの観光体験を求めるといった個人内での多様性もみられるようになってきた。このような消費者の変化に対応するために，さまざまな地域の個性あふれる観光商品が必要となっている。そのため，その地域をもっともよく知る地域住民による観光への積極的

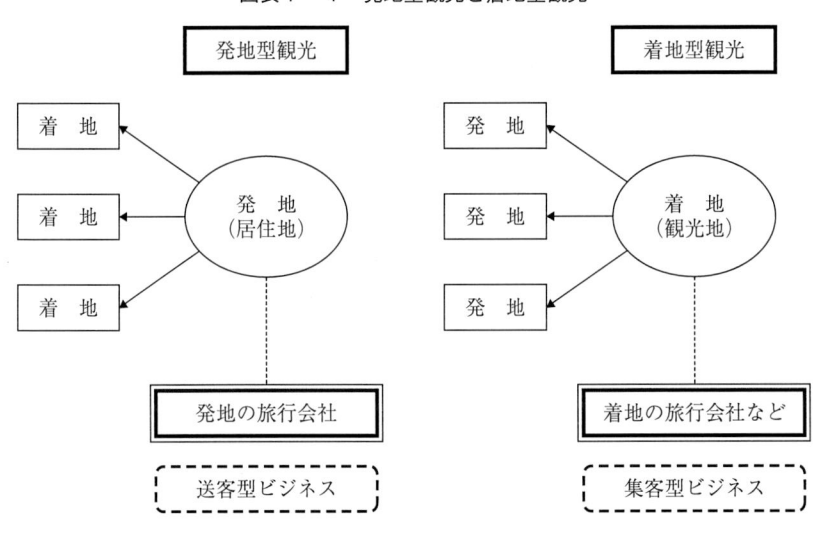

図表1-4　発地型観光と着地型観光

```
発地型観光                          着地型観光

着地 ←                              発地 →
着地 ←  発地（居住地）              発地 →  着地（観光地）
着地 ←                              発地 →
        ┆                                  ┆
    発地の旅行会社                      着地の旅行会社など
    ┌─────────┐                       ┌─────────┐
    │送客型ビジネス│                   │集客型ビジネス│
    └─────────┘                       └─────────┘
```

出所：尾家・金井（2008）より作成。

な関与が求められるようになってきたのである。

　第2に都会と地方の経済格差の広がりから，内発型産業としての観光に地方が注目していることである。人口の減少，少子高齢化，製造業の生産拠点の海外移転などにより，地方では雇用が減り，若者は都会へ流出している。観光は前述したように，裾野の広い産業として経済波及効果が期待できる。また，地域特有の自然・文化・歴史などの資源を活かした内発型の産業である。地域外から工場を誘致するなどの外発型の産業振興に比べ，地域住民が主体的に地域を再生していくことが可能である。

　第3に東京一極集中，あるいは大量生産・大量消費に象徴される成長志向型の社会に対するオルタナティブ（別の選択肢）の模索という社会風潮があげられる。グローバル化の進展は，国境を越えて自由にヒト，モノ，カネ，情報が行き来する社会をもたらしつつあるが，同時に，多国籍企業が生産した商品が世界のどの国，どの町にも流通し，ニューヨークではやっている音楽が翌日には北京でも人気になる，といったような同質的な消費社会を生み出すという一

面もある。観光は本来，究極のローカルな商品である。旅行者がその場所に赴かなければ観光を消費することはできないし，わざわざその場所にまで旅していくのは，そこでしか経験できない何かがそこにあるからだ。ところが，発地型観光では成長志向に基づく生産効率を重視するあまり，時として同質的な観光商品を生み出してきた。山に囲まれた観光地に行ってもマグロのお刺身が必ず夕食に出てくる，というような現象である。このような都会主導型，あるいは同質化へ向かう社会に対する反発，反省が，各地域固有の文化，自然，暮らし方への回帰，そして地域のオリジナリティや環境を守ろうという動きとなってあらわれているというのはいいすぎだろうか。特に，現在の若者は地元志向やいわゆる「エコ」の志向が強く，そのような志向は彼らの観光行動にも影響を与えているといわれるが，その根っこには前の世代の価値観や生き方に対する異議申し立てがあるのかもしれない。

　このように，着地型観光の登場はITの発達，消費者の変化，グローバル化といった社会の変化の結果として，じわじわと地域のなかから立ち現われてきた観光のかたちである。着地型観光の具体的な商品としてはエコツアーや農山漁村体験観光，住民ガイドによる町歩きツアーなどがあり，旅行者にとっていかに魅力的な観光商品をつくるかが重要であることは発地型観光と同じである。しかし，着地型観光にとっては売れる観光商品づくりはゴールではなく，手段にすぎない。つまり，着地型観光においては「地域づくり」ひいては「国づくり」が行われる仕組みとして観光をとらえようとするところに新しさがあるのである。

2．着地型観光の流通と販売

　地域住民が主導し，地域づくりの手段と考えられる着地型観光の流通と販売はどのように行われるのだろうか。

　第1に，地域に立地する観光のサプライヤーである宿泊事業者による販売があげられる。2008年7月に施行された「観光圏整備法」により，一定の条件を満たした観光圏内において，宿泊業者が旅行業務を行うことができるように

なった。そのおかげで，当該旅館やホテルを利用する旅行者に対して，その地域の着地型商品をホテルや旅館自身が販売することができるようになったのである。実は，このような観光商品の流通は，海外のいくつかの国では長く行われてきたものである。海外のホテルに宿泊すると，ロビー近辺に現地発着の各種ツアーのパンフレットや地域情報誌が置いてあるのをみたことがないだろうか。旅行中，現地で思い立った時に，好きなツアーに参加できるのが，消費者にとっては魅力である。日本における着地型商品も，このようなスタイルでの販売ができるようになったのである。

　第2に，インターネットの普及が着地型観光の登場を後押ししたひとつの要因であると述べたように，着地型商品の多くは独自のインターネットサイトで直接消費者に情報発信し販売されているケースが多い。しかし，数えきれないほどのウェブサイトがあるなかで，インターネットによるダイレクトな情報発信だけでは，十分な販売量を期待することは非現実的であろう。

　そのため，着地型観光の流通にはダイレクト・ルートだけでなく，既存の観光産業の流通も利用されるようになっている。たとえば，「JTB観光情報ナビ」や近畿日本ツーリスト系列の「旅の発見」などのウェブサイトでは，全国各地の着地型商品が検索できるようになっており，サイトから予約ができる。独自のサイトでの情報発信を補完する，大手旅行会社の知名度を利用した流通のスタイルである。

　旅行会社依存型の発地型観光と対極にある着地型観光において，旅行会社と対立するのではなく，それぞれの強みを活かしつつ相互依存するような形のビジネスモデルである。この動きは，着地型観光に取り組む地域にとって情報発信のチャネルが広がるというメリットがあるというだけではなく，旅行会社にとっても新たな事業領域の開拓という意義があるものと考えられる。

第6節　おわりに ── 観光産業の新たな試み

　本章では観光を経済活動の視点からとらえ，その活動を動かす仕組みとして

の観光産業を概観してきた。観光産業は国や地域に収入をもたらし，雇用を生み出す力をもつとともに，短期的な経済的価値だけでなく，国や地域のさまざまな資源を観光商品として開発することにより，長期的な国づくり，地域づくりに貢献する役割を担っていることが理解できたのではないだろうか。

　1980年代から1990年代にかけて，観光による地域づくりイコール大規模な観光施設やホテルの建設，と考えられた時期があった。それらの大規模観光施設のなかには21世紀を迎えることなく経営が破たんしてしまったものも多い。持ち主や運営主体が変わり，別の形で営業を続ける施設もあるが，建物が老朽化したまま放置されている物件や解体されてしまったものもある。観光の定義を考えたとき，建物や施設は観光商品を提供するための手段に過ぎない。一度ハードを建設してしまえば，それで観光事業が完結するわけではない。

　また，観光資源が存在するだけでは人は集まらない。その価値を理解し，伝える人びとがいること，伝えるメディアと販売ルートが各種揃っていること，消費者のニーズが移りゆくなかでその価値を再定義し，新たな観光商品として創りなおしていくこと，ほかの観光資源と組み合わせた魅力的なルートやプログラムを開発することなど，現在，そして未来の地域づくり，国づくりに向けて観光産業が貢献できることは多くある。動き続ける現在進行形の国づくり，地域づくりを推進することができたとき，観光は真のリーディング産業となるのではないだろうか。

【注】

（1）旅行，旅，観光は相互交換的に使われることも多いが，本章においてはこのように定義した。
（2）観光事業に必要となる財やサービスを地域内や国内で調達できず，外部からの人材の移入（たとえば外国人のマネージャー）やモノの輸入（たとえばホテル建設用の建築材の輸入）が増えた場合にリーケージ（leakage），すなわち収入の地域外・国外への漏出が起きてしまうことがあり，経済の波及効果が相殺されてしまう。多国籍企業のホテルが発展途上国に事業展開する場合などに起こりやすいといわれている。

第 2 章
観光業と地域活性化

第 1 節　はじめに ── 観光業のとらえ方と地域の発想

　業としての「観光」現象が，地域社会を活性化するという発想は，一般に，そのまちが目的地として注目され，多くの来訪者を引き寄せ，経済的にもうるおう状況を指し示す場合が多い。もちろん，これには異論の余地はない。しかし，この地域社会の活性化という事態を，単純に「観光」という事業の「結果」としてのみイメージしてしまうのは，少しもったいない。なぜなら，「結果」には何らかの「原因」があるはずであり，その「原因」にも着目することで，「観光」という社会現象をより豊かに理解することができるからである。

　そこで本章は，「原因」を探す視線を大切に，「観光」をもう少し幅の広い社会現象，つまりさまざまな人々の行動の積み重ね過程として考えてみたい。人間の行動と，その積み重ねの過程を「原因」と考えてみることで，「結果」としての地域活性化が確認されるというとらえ方に基づいて，本章を書き進めることにしよう。

1．なぜ，観光に地域の活性化が重ねられるのか

　私たちが休暇や余暇を考える時，あるいは学習・研究を進めたりする時も含まれるだろうが，その時の目的を達成するにふさわしい対象地域へと移動し，その現場を実体験するのは選択肢の 1 つである。移動には，変化が付随する。たとえば，人がある位置から違う位置へと移る地点の変化，異なる社会的背景

をもった人々が交流して生じる感覚や感情の変化，目的遂行の帰結として考えられる知識や理解の変化などが該当する。これらに充実感がともなっている限り，実体験のプロセスは楽しいものとなる。

　では，観光と地域活性化を結びつけて議論しようとする時，私たちはどのように考えをめぐらせるべきだろうか。第1に，観光という現象が地域の活性化にもたらす影響が重要であることを指摘しよう。上述の通り，移動が変化をともなうことがわかれば，観光という人々の移動の現象が地域に活性化という変化をもたらすことは，必然的に理解されるだろう。ただし，人々の移動を観光というキーワードで誘発するためには，その具体的な方法が必要となる。つまり，訪問するにふさわしい地点が設定されなければならない。これが第2の論点である。

　さて，上に示された通り，観光には意味づけが重要であることがわかる。すなわち，どのような観光現象を想定して人を移動させるか，どのような地域社会の活性化を想定してまちを訪問してもらう地点とするか，これらに関する意味づけである。この前提に立てば，次のような「原因」と「結果」が吟味されなければならないだろう。つまり，ある地域を何らかの方向性でもって変化させまたは維持し，移動の目的地として成立させる作業と，そして，調和のとれた人々の移動が地域との共存をもたらし，地域の文化的要素が確立・拡充すること，である。

　したがって，「観光」は意味づけというプランニングをともなう作業である。それゆえ，その観光行動の結果が地域社会にもたらす影響を無視するわけにはいかない。その影響には，地域産業の成長を代表例とする肯定的な評価が下されることがあれば，反対に，地域の混乱や新たな課題の発生などの否定的な評価が下されることもある。このように，観光と地域の重要な接続ポイントは，「観光」という現象を「地域」の論点から考えなおしてみることである。ここから，観光の魅力を再発見してみたい。

2．観光現象の多義性

　では，観光という社会現象そのものに着目して，地域社会という「場所」との関連がいかに重要であるか，さらに考えてみよう。まずは，2つのエピソードを紹介するので，考察のきっかけをつかんでもらいたい。

エピソード1　あるまちの苦悩

　数年前，ある自治体のまちづくりについて調べるために，ゼミ生とともにその市役所を訪問した。そのまちは，江戸末期の「開国」に関連する歴史を有することで知られている。範囲は限定されているものの，今なお情緒あふれるまちなみが残されている。担当者の説明を聞くと，すでに「景観条例」が施行されてまちづくりの骨格が示されており，「まち遺産」の名称でそのまちの「自然・歴史・暮らし・文化」を「知る，創り・育てる，支える」計画が進行していた。

　説明を聞いた後，実際にそのまちを担当者とともに歩いてみた。たしかに，狭い路地に古い家屋や見事な蔵壁が残っていて，当時を偲ばせる景観である。開国の史実に関係する場所も現存する。しかし，案内する先々で，担当者はまちづくりの難しさを強調し，まちづくりをうまく進めるにはどうしたらいいか私たちに尋ねてきた。それは，まちづくりを継続するための仕組みの確保と，市民の参加・協力の機運を高める方法の模索であった。そして，古きまちなみを残そうとするのは比較的若い世代に多く，高齢世帯では維持に手間と費用がかかり管理が面倒な家屋や蔵壁の暮らしから，現代建築の住宅に住みかえたいと考える傾向が強いといった事情も紹介してくれた。

エピソード2　ある講義での学生とのやりとり

　まちづくりに関係する講義で，受講生に「講義に期待すること」を尋ねると，例年，多くが「まちづくりの結果であるきれいな風景や景観を紹介してほしい」と回答する。そこで，「なぜきれいな風景や景観が重要なのか」と問い直すと，たいていは「観光客がやってきて，そのまちが経済的に活性化するから」とい

う答えが返ってくる。さらにしつこく，「まちの活性化をどのように考えているか」と聞くと，「活性化はそのまちに好条件をもたらすから，よいことだ」という認識を伝えてくれる。もっともである。

　同時に，この発想に多少の違和感をおぼえる受講生もいる。たとえば，きれいな風景や景観だけがそのまちの魅力なのか，きれいな風景や景観さえ整っていれば人は集まってくるのか，きれいな風景や景観を維持するにはどのような課題があるのか，そもそも肯定的な変化だけ想定していればよいのか，といった疑問が無視されているかもしれないという違和感である。

　このようなエピソードは，第1に，観光の目的地の形成における地元の主張の重みと多様性を示し，第2に，外部者である来訪者が抱くまちの評価が必ずしも地域住民と同じ評価になるとは限らないことを示している。よって，私たちが理解すべき観光と地域の課題は以下のようになるだろう。

　まず論点①として，観光と地域との共存である。観光が地域とどのように結びつき，地域をどのように変化（または固定）させるかを考え直す作業が必要である。これは，観光のプランニング（計画段階）の課題である。地域にたいして将来を見通す配慮が必要であり，その見通しに功罪二面の想定を含むことが大切であることを意識したい。

　次に，論点②として，「人」や「集団・組織」への着目である。これは特に，観光計画の立案者に必要なものごとの「とらえ方」，つまり認識における注意点である。観光現象の着地点（目的地）は地域社会であり，その実態は地域に暮らす人々の実感に見いだせる。この実感を把握しようとする感性が要求される。事実，「観光」を説明する際には，まず，物理的要素があげられることが多い。すばらしい景観を構成する自然や建造物などは，説明に不可欠な要素であろう。それと同時に，文化的要素にも着目すべきである。私たちが「すばらしい景観」を認識する行為や，すばらしさを説明するための手段は，そもそも人間によって媒介されるという事実も，文化（や伝統）の解釈の一例である。物事を明確化するのは人間であるから，まちの物理的な要素を人間が紡ぐとい

う実際も，楽しむべき内容の対象化も，残すべき内容の定義づけも，変えるべき内容の具体化も，すべてにおいて人間の作業ということになる。したがって，観光のプランニングの対象には，地域の人々（や集団・組織）が含まれる。そして，地域の人々がプランニング主体という場合もある。

　最後に，論点③として，「思想」の重要性を指摘したい。これは，観光の導入とともに確立すべき「地域（あるいは，まち・都市）」の「思想」のことである。人間によって媒介された物理的要素は，単なる「空間」ではなく，何らかの意味をともなう「場所」へと変化する（堀川，2000）。空間に何らかの意味を想定し，何らかのイメージを形づくり，それら意味とイメージを共有することで場所が形成される。これらの行動・活動の土台を「思想」という言葉で置き換えれば，私たちは観光とともに「地域の思想」をどのようにつくり上げればよいかという課題に直面していると考えられる。

第2節　暮らしベースの地域社会論

　通常，私たちが観光現象を考える際，主語は「旅行者」を暗黙の前提にしている。移動する人を中心に考えると，移動する人を迎える人はホスピタリティ産業の従事者ということになる。ただし，論点①にあげた地域との共存を検討する時には，ある地点の地域社会の実態を念頭におく必要がある。地域社会の実態とは，その地点の「暮らし」そのものである。

　そもそも，「地域」とは，人々の生活（「暮らし」）に基づく共通性の範囲を意味する。それゆえ，その地点は社会的文脈や生活のパターンが共有化された領域となる。これを「共同性」（田中，2002）の領域と呼ぼう。すると，そこには共同の場やグループが成立し，これにより「求心力」が形成されるが，同時に，この「求心力」は「閉鎖化する力」でもあることを忘れるべきではない（同）。

　観光とこのような意味の地域とを結びつけると，関係者の広がりを理解できるだろう。つまり，実際に生活をしている地域住民・市民がいて，その地域の

企業・行政・各種組織があり，そこに来訪者（観光客）がやってくるという関係になっている。こうした簡単な関係図式をもとにしても，共存の仕組みをつくるためには，関係者間の利害調整，地域形成のプロセス整理，都市計画やまちづくり手法の変化を確認しておかなければならない。

1．都市計画法とまち

　まちづくりに関する大きな転換点の1つに，都市計画法の改正（1992年）がある。これにより，「市町村の都市計画に関する基本的な方針」を定める制度が制定された。なかでも，まちづくりにおける「マスタープラン」の設定が重要であった。マスタープランとは，市町村それぞれの立場から市民参加と創意工夫によって望ましい都市像を明確化する計画であり，この理念に則った都市の実現にむけて，諸施策の方針を総合的かつ体系的に示すものである。

　マスタープラン策定が転換点といえる理由は，その設定の背景にある。つまり，社会経済的状況の変化，たとえば，バブルの崩壊，高齢社会（福祉問題），環境問題，安全・安心問題，規制緩和，地方分権施策の浸透などにより，従来の自治体の仕組み，とりわけ都市計画の手法に限界が生じた（行政の課題）。あわせて，地域は私たちの「住む」場所でありながら，市民の関心・参加が少ない領域になっていた（市民の課題）。すなわち，都市計画は国や県が行うものであり，市町村が「まちづくり」にかかわる機会が少なかったことや，市民も行政に任せるだけでまちをつくる作業にかかわってこなかったことが，問題の背景にあるといえる。

　こうした状況を打開するために，マスタープランが活用されることとなった。マスタープランの基本構造は，（市民生活の）安全性，利便性，快適性，自然の重視，環境への配慮，地域特性の尊重，潤いと安らぎといった条件の包摂（ほうせつ：ある範囲の中に包み入れること）である。したがって，マスタープランの意義を要約すると，①市民参加による都市計画目標の明確化，②市民が誇りと愛着をもつことのできるまちづくり，③身近な地域社会を重視した施策の推進，④市民に近い立場の市町村によるまちづくりの将来ビジョン確立ということに

なるだろう。

2．市民参加の意味

　では，なぜまちづくりに市民参加が重要なのだろうか。

　その答えとして，市民の理解と参加により，まちづくりに市民的方向性が提示されるからという説明が用いられる。つまり，私たちの望むまちが形成されやすくなるということである。望ましい都市像が明確化されれば，諸施策の総合的・体系的推進が行われる。そして，多様な主体（市民，企業，行政）の目標が設定される。このように目標をつくろうとすれば，多様な主体の参加が必要になる。それゆえ，利害調整が必然的に，事前に行われる傾向となる。こうして，住民・市民は参加と意思決定の課題を引き受けつつ，自らのまちをつくり，暮らしを成立させることが可能となっていくのである。

　事例を紹介しよう。山形県金山町は，1986年に「金山町街並み景観条例」を制定した（同町ホームページ）。この条例の特徴は，「景観公有論」を提示した点にあるとされる（田中，2002）。景観公有論とは，「景観は公共的なもの」という認識を示すものである。景観は公共的要素だとする決定を，まちづくりにおける前進ととらえることもできるという。

　ただし，この事例をめぐっては再考する論点を含んでおり，関連するいくつかの指摘がある。田中（2002）の論考から，次の4点を抽出できる。第1に，景観の公私をめぐる選択である。たとえば，まちの統一感の示し方や，美観の維持の方法について，私的な取り組み，共的な取り組み，公的な取り組みのいずれが望ましいか，またはその組み合わせの是非を検討する必要がある。第2に，決定方法と決定過程の課題である。これは，「自由」と「制限」のバランスや活用の方法だと考えればよいだろう。何を，誰が，どのように決めるかを検討する必要がある。第3に，サービスの提供手段である。社会的な財としてのサービス提供には，不断の努力が必要である。この効果的な提供に，公的な仕組みだけで対応できるかを判断しなければならない。そして第4に，理念や考え方の定立の手段の検討がある。とりわけ，共有化された価値観の策定にむ

けては，たくさんの課題が積み残されたままとなっている。

　金山町の景観公有論から出発した再考は，結果的に，人々がかかわりながらまちを形成するという重要性に到達する。その地域にいくら素晴らしい景観が残されていたとしても，その景観をまちの魅力に用いようとする判断には，人々の参加と決定の経過を理由に加える必要がある。たとえば，歴史的建造物の古さが住みにくさをともなっていて，住民は積極的に景観を変更したがる場合もある。このように，まちづくりの将来を左右する条件は，人々の判断や活動である。その際，来訪者ベースのまちのあり方だけでなく，暮らしベースのまちのあり方を見直すことで，むしろ，まちの活力ともいうべき持続的なまちの魅力が形づくられることが確認されるべきだろう。参加は決して生活からかけ離れたことがらではなく，日常的な作業としてまちづくりに活用される必要がある。

第3節　観光と地域と人の接続

　論点②とした「人」への着目については，次のように考えてみよう。まず，「まち」の「魅力」の構成においては，「魅力」ある「まち」を「つくる」作業が必要である。したがって，「まち」とは何か，魅力あるまちとはどういう場所かについて，誰かが検討し，その検討に沿った作業・活動を展開しなければならない。こう考えれば，まちの「魅力」とは，究極には，人が人をひきつける力を指していることがわかる。人をひきつける力の源には，人々の存在，活動，そして活躍がある。さらに，人々の活動・活躍が何らかの理念で統合され，できるだけ力の分散を抑えることで，魅力がさらに高まっていくと考えられる。

1．地元の人々の地域再考

　ここでまた事例を紹介しよう。観光現象の利害関係者である地域住民が，まちをいかにアイデンティファイ（Identify：意味ある関連性を見いだすこと）する

かにより，まちの魅力が引き出される事例である。

まず，中山道の旅籠町の歴史的景観が残る妻籠（つまご）である。妻籠には，「妻籠資料保存会」や「妻籠を愛する会」といった，地域の人々の活動があった。そこでは，開発から取り残されたまちという消極的な見方ばかりではなく，歴史的に貴重な景観が残る地元を積極的に再評価する試みが採用された。そして，その内容を地域ガイドが来訪者へ説明するなど，情報発信する活動もまた有名である。

山形県の旧立川町（現在は庄内町）では，「風車村推進委員会」の取り組みがあった。悪風の吹くまちといわれ，困りものの象徴であった「風」を，風力発電の積極採用に活かした事例である。変化のきっかけには行政からの声かけがあったものの，地域住民が集まってアイディアを練り，長年の障害を見事に利点に変える発想を示すことができた。さらに同町では，風車をみにくる人たちも増え，風をコンセプトに地域づくりが好循環となり，「町おこし」のために人々の「心に風を起こす」挑戦ができているという（ウィンドファーム立川ホームページ）。

2．観光プランニングにおける「人」の重要性

上述の2事例が示す通り，まちの魅力をめぐっては，人々の情報交換，とくに複数の主体それぞれの，まちへの「まなざし」に関する説明の交流が，意味ある条件となっていることがわかる。この時，まちづくりに誰がかかわるか，どのようにかかわるか，誰のために計画するか，何を論点とするかが想定され，検討されることで，まちの魅力が引き出され，維持され，更新されていくことも確認できる。

観光現象におけるまちの吸引力は，まちの魅力という言葉で語られる。そして，まちの魅力は，人々のまちの定義づけによってもたらされる。とはいえ，魅力は伝達されなければ来訪者を生み出すことはできない。こうした魅力の定義づけが継続され，魅力の発信が行われ，魅力の交換が続くことで，まちは活気づく。観光という現象が，地域を対象として移動をともなう変化を含むこと

から，この魅力の好循環がまちの活性化として確認されることになる。

第4節　まちを統合する「思想」の重要性

　さて，最後に論点③の「思想」の重要性について考察してみよう。

　まちとまちづくりにおける重要事項は，まちの定義づけにより形成されるまちの概念であった。まちの魅力は，物理的・客観的な対象（要素）の有無だけに基づく訳ではなく，人々により「まなざされた」対象が概念化され，その概念の魅力が説明されることでもたらされることもわかった。つまり，これは，意味づけの結果としてのまちという発想である。人々の暮らしなどの日常をも含む生活・活動・営為に，私たちはどのような意味を発見するかがヒントとなる。そして，まちづくりには根拠が必要である。たとえば，地域問題への対応，生活の質の向上，経済・社会・環境（景観）を整え直す運動としてのまちづくりの重要性が指摘されている（池上，2009）。実際に，これらの根拠に基づいて，まちづくりが継続されている。さらに，まちづくりの意義は，地域社会と住民との関係性や，市民の創造性の発揮として理解されるようにもなっている。

　このような状況は，「まちなみ保存運動」の展開を知ると，よりよく理解できる。堀川（2001）は，まちなみとは「地域社会に固有の条件や歴史の集合的表現」だと説明する。したがって，人々がその地域に暮らし続けたことを証明する「すがた」がまちなみであり，それゆえに，まちなみの改変は，「地域社会の生活をも改変」する。人々の生活に変化が生じれば，地域社会の文化的要素も変化することになるだろう。これら改変や変化は，まちの更新ととらえることもできるが，本章の議論に従えば，まちの魅力の減退につながる危機的状況ともいえるだろう。運動としてまちなみの保存を目指す意図はここにある。

　こうした危機を打開するには，まちの見直しが必要となろう。その時，「都市（まち）はだれのためにあるのか」という問いをきっかけに，まちの見直し作業を進める方法がある（同）。人々が暮らしてきた「すがた」がまちなみで

あれば，「住民の生活実践のなかに蓄積してきた住まい方のノウハウや場所性」がまちの重要な構成要素である。こうして，訪れる人ではなく，そこに住む人を再確認できる。そして，「地域社会の記憶」と表現される経験，技術，情報，持続性，価値などは，保存や保全の是非をめぐる意思とともに維持される必要があることも理解される。

1．まちの思想の現代的意義

　このような背景から，1960年代以降のまちなみ保存運動の経験を再解釈する試みもある。それは，たとえば，(歴史的)「ストックのリハビリテーション型」の提示が，まちなみを保存する運動の目的だとの指摘である（同）。まちなみ保存運動は，「地域に固有」の景観を，「地域住民による自発的」な活動で守ろうとするものである。守りたい対象が人々によって選択されることで，「歴史的」まちなみも守るべき対象に含まれる。このとき，「開発促進型」の計画は，まちの過剰な変更を帰結しやすい。反対に，「凍結保存型」は，建築物の保存は達成できても，住民の生活に課題が生じやすい。そこで，保存対象であるまちの構成要素を人々が再構築し，まちづくりの思想として活動に組み込むことが必要となる。人々の解釈の投入の実践が，まちなみ保存運動だといえるかもしれない。

　ただし，漠然と解釈を投入することでまちが保存されたり，魅力あるまちが形成されたりする訳ではない。「リハビリテーション（rehabilitation）型」と示されるのは，まちの機能回復がこれからのまちに必要な要件だからである。そこで，効果的な機能回復のためのまちの「思想」が不可欠となる。従来の都市計画は，「開発促進型」が多く採用され，「市場原理で売買され流通する土地・空間を計画的にコントロール」するものであったと批判される（同）。これに対し現在，まちの景観は，「個々の建物や構成物が集まっておりなす全体であり，個々の建物（構成物）ではない」とされ，景観の価値が再解釈されている。したがって，ある「思想」に基づいて保存され，維持されるまちのすがたは，人々の解釈が埋め込まれた意義ある総体としての構成体である。それゆえ

に，固有性をともなって魅力を放ち，人々をさらに惹きつけると考えられる。

2．まちの何をいかし，何を残すか

　まちの「思想」という考え方をさらに説明するために，2つの事例を紹介する。

　1つめは，北海道小樽市の小樽運河保存運動である（堀川，1998）。「小樽運河を守る会」は，運河を埋め立て，その上に道路を建設する決定に対し，運河をめぐる住民の意味づけ（運河とともに暮らしてきた価値の総体という思想）を主張して，運河の保存に努力してきた。ここに示される思想は，運河は物流のための構造物という発想ではない。運河を「まなざし」てきた人々の記憶や，運河を活用し，運河とともにある生活のパターンやノウハウを忘れずにいることが含まれていた。さらには，その記憶や技能の保存のためのアイディアや妥協の手段までもが包含されていた。小樽は，結果として運河を残したまちなみが，観光地として注目されている。しかし，人々がなぜ運河とともに生活することを選んだかに着目する方が，まちの魅力を表現しているように思われる。

　2つめの事例は，京都の町家の保存に関する論考である（野田，2001）。古き良き京都のまちなみを構成する町家は，京都の魅力を構成している。それゆえ，町家を残し，活用しようとする活動が発生する。ただし，町家は京都の「町衆」の活動（生業も生活も含む）と切っても切れない関係にあり，町衆の存在ゆえに形成され維持されてきた。だからこそ，町家の維持は，本来，町衆の活動の維持とセットになされるべきだとの主張が可能となる。物理的な構造としての町家を維持するだけであれば，既存のストックの再生産なき使用にすぎない。それこそが，まちの衰退をもたらす「伝統の消費」現象だと指摘される。それならば，昔ながらの町衆の生活をも維持すればよいという短絡的な発想がでてくるかもしれない。しかし，自身の生活や生業の選択を，別の人間に決められる暮らし方を望む人は少ないだろう。このように，私たちがまちを考えるにあたっては，保存する対象は何かという根本的な問いに今一度たち返るべきことが示唆される。

第5節　人々の思い（あるいは思想）はいかにつながるか

　まちの魅力を構成し，維持する人間の活動は重要である。ただし，人それぞれ，立場によりまちへの「思い」や「願い」が異なるという現実がある。そこで，地域の思想（価値観）の成立と共有には，異なる「思い」を引き合わせ，統合する手段が必要となる。そして，成立した思想を伝達する主体と仕組みが必要である。

　観光という社会現象を市民によるまちづくりの魅力構築と結びつける最後のカギは，コーディネータ（人や組織）の存在である。まちづくりは住民・市民の協力を得て進められ，多様な主体により意味づけが行われ，それらを統合する思想が形成される地域プロジェクトである。したがって，「プロジェクトの調整」役が必要となる。従来は，これを行政が担当することが多かった。しかし，近年は住民・市民やNGO／NPOがコーディネータとなる場合も増えた。市民がまとめ役となり，専門に調整役を担う主体として，まちづくりプロジェクトの企画・立案・紹介，土地や建物の確保，出資（賛同）者集め，補助金等の獲得，企業・役所との交渉などを行うこともある（長谷川，2003）。

1．地域活性化の条件整理

　これまでの議論にそえば，観光による地域社会の変化（活性化）を成功に導くには，その条件がある。まず，訪問地点の地域の主体を把握することである。地域の主体には，住民・市民，自治体，地域の産業界などが該当する。次に，地域の主体の行動・活動である。自分たちのまちをどのようにイメージし，どのようなまちにしたいかという思いをもち，それを具体化することである。その方法に，マスタープラン策定などが用いられ，市民参加や市民の意思決定によって編成されていた。さらに，地域をゆるやかにまとめる概念（思想）を構成することである。これが，まちの意味づけ，すなわち価値形成となり，まちの魅力として多くの人に理解されることとなる。最後に，従来から社会のなか

に存在してきた地域を考え行動する主体を，適切にまとめる人や組織の存在である。地域住民も，暮らしにおける専門家である。それゆえ多様な主体が地域にかかわっているため，こうした多様な主体をつなぎあわせる仲介者が必要なのである。

2．市民によるまちづくりの課題

　市民がかかわりつつ地域社会を再構成するプロジェクトにも，現時点では課題が多い。たとえば，「伝統の消費」現象（野田，2001）の指摘を受け，住民の生活サイクルやまちの再生産サイクルの再整備を行う必要がある。さらに，地域の「伝統」や地域に「あるもの」を「発見」し，観光開発に活用する「消費」過程と同時に，将来へ向けた「（再）生産」や「創造」の過程を地域社会が手に入れる必要がある。これはとくに，ひとづくり，組織づくりといった側面を意味している。また，調整役（支援組織・リエゾン団体）の不在という指摘があるものの，実際にはどのように仲介者を生み出すか，育成するかは簡単には解決しない。また，調整役は，ボランティアの個人や団体のみに頼る場合には，将来的に仲介機能が維持されないという事態も忘れるべきではない（長谷川，2003）。たしかに，個人や組織の自発性は大切だが，むしろ，社会的なサポートの仕組みの整備によって，仲介機能を維持することができる場合も多い。さまざまな協力が組み合わされ，やがて制度として確立されるかどうかが課題解決の要件となろう。

第6節　おわりに ── 観光場所の形成へ

　本章の議論をまとめると，以下の通りとなる。
　地域形成における関係主体のイニシアティブ（先導性）は，観光と地域社会の関連を考察する際の重要な要素であった。つまり，「まち」をどのように「つくる」（再構築する）か，そのための意思・思想と実践が必要であった。そして，まちの維持・発展の制度の形成へとむかう時，まちづくりは充実期を迎

え，さらなる魅力が発信されることとなる。その際，リエゾン（中間支援）組織は，一種の社会的インフラ機能を果たし，まちづくりを支える役割を担う。そこで，この組織的・制度的充実が，市民の自発的取り組みとしてのまちづくりを左右する要因ともなっていた。

　今後，市民・住民のイニシアティブによるまちづくりと魅力構成を考える場合，生活からのまちの見直し，生活の専門家としての地域住民・市民の視点は，基盤となる重要な要素であり続けるだろう。そして，形成された情報を共有し，人々の参加とアイディアの交換で目にみえるまちづくりの方法・手段を構築することが肝要である。これがやがては，活動の継続・発信，そして事業化という果実に結びつくことが期待される。回りくどい表現と説明を繰り返しながら展開してきた論点は，観光という現象に関連してある地点にかかわる人々が，その思いや意味を地域に埋め込み，結果として単なる地点が魅力ある「観光場所」として形成されていく反復的な過程こそ，活性化の仕組みだということである。ただし，その一方で，ある地域の観光とその他の諸課題との調整や解決については，また別に考える必要がある。

第3章
観光業と食

第1節　はじめに

　食は観光業の極めて重要な一要素である。
　旅行業との関連でいえば，しばしば旅行先の選定では「○○が食べたい」「△△というレストランに行きたい」など「食」が目的となりうるし，ホテル業における売上の相当程度はレストランやルームサービス，宴会が占めている。また外食産業自体が観光業ともいえ，この頃はB級グルメなど「食」が観光振興の切り札となるケースも増えている。
　具体的例をあげれば切りがないし，個々のケースはへたをしたら数年で古くなる。そこで本章では長く使える「考え方」を提示したい。それがアベセデスマップである。
　ここでは「観光業と食を，どう考えるべきか」をテーマとして，主としてアメリカ，ニューヨークの成功事例を含め，アベセデスマップの適用や，「観光と食」のあり方について述べていく。

第2節　「観光と食」とアベセデスマップ

　TaKaRa酒生活文化研究所の作成になるアベセデスマップは，観光業と食を考えるうえで極めて興味深い，また有効な考え方である。縦軸はグローバル性⇔ローカル性，横軸は農業的⇔工業的とする。両軸のつくる4象限をA（ア

図表3-1　アベセデスマップ

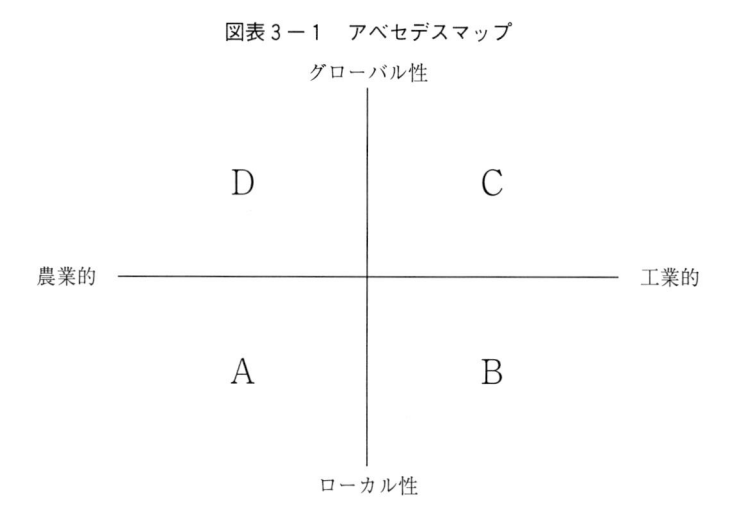

```
              グローバル性
                 │
         D       │       C
                 │
  農業的 ─────────┼───────── 工業的
                 │
         A       │       B
                 │
              ローカル性
```

－），B（ベー），C（セー），D（デー）とし，S（エス）を加えてアベセデスと呼ぶ。

　一例として「世界の酒」をとりあげ，アベセデスマップを適用して考えてみたい。

　縦軸に『グローバル性』『ローカル性』，横軸に『工業的』『農業的』という対立概念をとり，第3象限から反時計回りに各象限を『A』『B』『C』『D』と設定（図表3－1）。さらに『B』『C』の酒から派生するソフトドリンク化の現象をS化と命名している。

　グローバル性とローカル性の大小は，情報発信力の強弱による。酒が文化としてもっている情報発信力，または酒がほかの社会にもたらす影響力が大きい場合，グローバル性が強いとする。ローカル性が強いというのはその逆の場合である。農業的と工業的の区別は，酒の製造が自然依存的な少量生産（＝農業的）か，人工的な大量生産（＝工業的）かによる。したがってAは農業的かつローカルな酒，Bは工業的かつローカルな酒，Cは工業的かつグローバルな酒，Dは農業的かつグローバルな酒となる。

　具体的にはAはヤシ酒や馬乳酒(ばにゅうしゅ)。糖分を含む液体に酵母が入るとほぼ自然に

アルコールができるため、世界中にAにあたる酒が存在している。いわゆる地酒ともいえ、工業的な生産や大規模流通になじまぬ酒はAとなる。

Bは日本酒や紹興酒、イギリスなどのエールビール。工業的な大量生産の賜とはいえグローバルな名声には至らぬためBとなる。日本のビールはいまだ国内市場に偏しているためBと考える。

Cはいわゆるラガータイプのビールやウオッカ。もはやアメリカのビールや各種ウオッカはグローバルな存在といえるためCとなる。

Dはコニャックやシャンパーニュ。コニャックの産地はフランス西部のコニャック村、シャンパーニュの産地はフランス北東部のシャンパーニュ地方で、自然依存的かつ農業的生産に拠りつつグローバルな名声を博している。

Sはソフトドリンク（Softdrink）化で、たとえば日本の焼酎はBに属するが、酎ハイのごとくソフトドリンク化してBSとなる。ただし筆者には研究所の学者が「TaKaRa」に気をつかってあつらえたコンセプトに思えてならない。

アベセデスマップはひとえに酒の分類に止まらず、食や観光、社会や文化全体に敷衍しうる可能性を秘める。

Aには地酒のほか、その土地でしか採れぬ食材を用いた郷土料理が該当する。京都「美山荘」はその好例である。京都市とはいえ街中から一時間の山あいに存し、土地の山菜や川魚で「摘み草料理」を供している。

また食材自体がAに該当しうる。いわゆるブランド食材で、自然依存的かつ農業（または一次産業）的生産（または収穫）ゆえの希少性がかえってブランド力を高める。たとえば関鯖、関鯵、大間のマグロ、間人蟹、城下カレイ等々。東京湾一帯の江戸前は寿司屋で最上の産地とされ、一大ブランドを形成している。肉は天然の魚と比べて安定供給が可能とはいえ、松坂牛、米沢牛、神戸ビーフ、鹿児島黒豚、名古屋コーチン、比内地鶏等は高いブランド力をもつ。

観光業がAの食を考える場合、独自性と希少性が肝心である。一方でかつて「すかいらーく」開発担当者が夕張メロンと出逢い、共同で大量販売のスキームをつくったケースはBに相当する。農産物とはいえマスマーチャンダイジングが可能ならばその存在は工業的とする。

そしてBはいま日本の大手ファミリーレストランの定位置である。すかいらーく1号店の誕生は後世のいわゆるファミリーレストランの出現にほかならなかったが, 当初は職人を多く抱えた労働集約型ゆえA的な存在であった。Aはいわゆる町場の飲食店で, 家族的零細経営を主体とする。

しかし, すかいらーくは多店舗化と並行して集中加工工場（セントラルキッチン）の建設に乗りだし, 同一製品の大量生産フォーマットをつくり上げた。また店舗スタイルやオペレーション, サービスの画一化, マニュアル化を進め, ここにレストランの工業化がいちおうの完成をみる（＝B化）。

すかいらーくはグローバル性と工業的のクロスするCを目指し, アメリカのレッドロビン社を買収し, バーミヤンのアメリカバージョンを出店。タイや台湾, 韓国にも出店したが, すべて頓挫して撤退のやむなきに至った。

日本企業のアメリカ進出としては吉野家が先鞭をつけているが, 現地では「ライス・アンド・ビーンズ」という蔑称があるように, 「米」や「丼」のイメージは必ずしも肯定的ではない。ニューヨーク進出が失敗に終わるなど, 成功というには遠い状況にある。

第3節　欧米の「食」ブランドが強い理由

Cのグローバル性と工業的性格を備えた企業といえばマクドナルドである。文字通りの「世界の言葉」で, 世界各国の物価水準をビッグマックの値段で計りさえしている。近年はスターバックスの国外店舗数が急増し, グローバル化を果たしている。

Cはアメリカ企業のオンパレードで, 酒でいえばバドワイザーやハイネケンのビール, ワイルドターキーのバーボン。食でいえばコカコーラやペプシのコーラ, ケロッグのコーンフレーク, ハインズのケチャップ, ハーゲンダッツやサーティワンのアイスクリーム, ナビスコのクッキーやクラッカー等々。食品以外でいえば, マイクロソフト, IBM, アップル, グーグルなどのIT, そしてリーバイスのGパンやレイバンのサングラスなどファッション, ハーレイダ

ビットソンのようなバイク，さらにロックンロールやジャズ，アメリカンポップスのような音楽，そしてディズニーやハリウッド映画のようなエンターテイメントのごとしである。ホテルではヒルトンやシェラトンなどがグローバル企業として名高い。

筆者がアメリカのビジネススクールに留学していた20年前，アメリカは日本企業の攻勢の前に自信を失い，自国の消費者に「Buy American」と呼びかけさえしていた。

しかしアメリカ経済はリセッションを乗り越え，日本が「失われた10年（または20年）」を過ごしている間，アメリカブランドは圧倒的な優位を築いた。その最大要因はIT化である。アメリカのIT企業がコンピュータのソフトとハードにおけるフォーマットをつくり上げ，ついには世界のプラットフォームとなった。やや誇張していえば，世界中の人々がコンピュータをあやつり，ネットやメール，ブログやフェイスブックを楽しむには，アメリカ流のロジックやセンスが必須となった。またマクドナルドの標語「I'm Lovin' it」が英語で成立するなど，英語という言語自体のグローバル性という強みがある。

さらに国際的なリーダーシップが，アメリカブランドの強さを支える。グローバルな議論は政治経済文化などすべてのジャンルにおいて，アメリカ流思考の理解なくしては不可能となった。いまなお各国のエリート予備軍は続々とアメリカに留学し，アメリカの高等教育機関で働きさえする。アメリカが比類なき情報発信力をもつ所以である。いわばアメリカは自国イメージの大量生産と大量販売に成功したのだった。

また日本では外食産業がアメリカを手本にして急成長したという歴史的背景があり，ライフスタイルのアメリカナイズがある。日本企業のアジア進出はめざましいが，Cに立ちたいと思えばアメリカで成功しないといけない。しかしアメリカが果たしたような自国イメージのグローバル化がない以上，日本の外食産業がCに上りつめるのは容易ではない。

そしてAではヨーロッパが強さを示す。フランスのコニャックやシャンパーニュのほか，ボルドーのいわゆる五大シャトー（ムートン，ラフィット，オーブ

リオン，ラトゥール，マルゴー）や，超高級品として名高いロマネコンティやペトリュス，モンラッシェ等々。インターネット（＝情報化）が稀少なワイン（＝農業的）を世に知らしめ，正しくＡの好例といえる。

　Ａのレストランといえばスペインの「エルブジ」である。バルセロナから車で４時間という僻地にもかかわらず，世界中の食通が「エルブジ」を目指した。きっかけはフランスの有名レストランガイド「ミシュラン」。「ミシュラン」が最高評価の３つ星を得たがゆえ「エルブジ」は世界的な注目を集め，同書は情報発信力の強さをみせつけた。

　ミシュランの信頼力の背景には，フランス料理が世界の尊敬を集めている事情がある。ミシュランが日本，ことに東京のレストランに極めて高い評価を与えたことは，日本の食にとって追い風である。Ｃという目標は至難だが，まずはＡの位置を得たレストランが増え，いずれＣに立つ企業が現れるかも知れない。

第４節　ニューヨークの「食」とガイドブック

　アメリカはこと「食」については悪評が絶えなかった。アメリカの料理は「大味」でアメリカ人は「味音痴」という論調さえあった。しかしニューヨークのレストランはこの20年で長足の進歩を遂げ，アメリカのみならず世界各国から，食通が食べるためだけに訪れ，料理人が競うために集まる街となった。

　ニューヨークの食文化を語るうえで忘れてならないのが，フードジャーナリズムすなわち食の評論活動である。日本でもTVや雑誌などのマスメディアを中心に飲食店に関する数多くの情報が溢れているが，その多くは販促的な意味合いが強く，批判的なものはほとんど存在しない。しかし，ニューヨークにはブロードウェイでのエンターテイメントも含め厳しく評論する文化があり，その結果が人々の行動に大きな影響を与えている。

　マスメディアによるレストラン・レビューで最も影響力があるのはニューヨ

ークタイムスのレビューである。毎週金曜日の朝刊にレストラン評が掲載されており，4つ星でレストランを格付けしている。その評価は，ニューヨーク・タイムズのフード・クリティック（評論家）が，最低4回はレストランを訪れ，ランチや朝食を出しているところは，そのすべてを味わってから格付けをするよう規定されている。また，フード・クリティックは身分を隠してレストランを訪れることになっており，ニューヨーク・タイムズがほかのセッションのライターやレビュアーの顔写真を掲載することはあっても，レストラン・レビューに関しては容姿を公開していない。

　そのほかにも週刊誌「ニューヨーク」が毎回レストラン・レビューを掲載しており，ニューヨークで定評のある無料情報誌「ヴィレッジ・ボイス」もゲリラ的にレストラン・レビューを掲載している。

　そして，ニューヨークのレストラン・レビューで，ニューヨーク・タイムズと並び重要な位置を占めているのが「ザガット・サーベイ」である。ザガット・サーベイが最初に発行されたのが1979年のニューヨーク。ニューヨークで弁護士をしていたザガット夫婦が，それまでの少数の評論家によるレストラン評価の信憑性に疑問を抱き，新たな方法に基づきレストランを評価し，レストラン・ガイドブックとして発売した。

　その新たな方法とは，従来の権威のある少数の評論家ではなく，一般の人々に広くアンケートを募り，それを統計的に処理することでレストランを評価しようというものであった。一般の評価者は，「料理」「内容」「サービス」の3項目について各10点満点で評価し，その合計点でレストランを採点する。このザガット夫婦のレストラン評価方法は，その後，アメリカのほかの都市のみならず全世界に広がり，現在，ニューヨークをはじめロンドン，パリ，東京など世界85都市で実施されている。

　ニューヨークの食文化を考える時，このザガット・サーベイが果たした役割は大きい。ニューヨーク・タイムズのレストラン・レビューに代表されるニューヨークのレストラン評価は，ザガット・サーベイが登場するまでヨーロッパのそれとほとんど変わらなかった。すなわちレストランの質を判断できる少数

の権威による評価である。しかしザガット・サーベイの登場により，その様相は一変する。ニューヨークはレストランを自らの方法で評価しはじめたのである。

　そしてその独自の評価方法が世界に広がるにともない，ニューヨークの人々はレストランに対する自らの評価に自信をもつようになる。フランスで生まれ世界的に有名なレストランガイド「ミシュラン」が，2005年11月にニューヨークで発行されたときの反応がその好例である。ミシュランは，2005年末からニューヨークの1,200店舗を対象に極秘調査を開始。そこからガイドブックに載せる507店まで絞り込み，4店に3つ星，4店に2つ星，31店に1つ星を与えた。このミシュランの格付けは，ザガット・サーベイの評価とかなり異なり，最高ランクの3つ星を得た4店のうち3店がフレンチというものだった。

　これを受けてザガット・サーベイで最高級の評価を受けながら星を逃したアメリカン・レストラン「ザ・フォーシーズンズ」のオーナーのひとりジュリアン・ニッコリーニは，「フランス人はフランスにいるべきで，フランスだけで出し続ければいい」とコメントしている。また料理評論家のボブ・レイプ氏は，ニューヨーク・タイムズのなかで「（ミシュランの）調査員はこの街の食文化の多様性を理解できず，ニューヨークを見下したも同然だ」と述べている。

　このようなミシュランに対する評価は，ザガット・サーベイというミシュランとまったく異なる評価方法がニューヨークに定着していたからであり，もしミシュランと同様の評価方法しかもたなかったならば，おそらく評価は違ったものになっていた。なぜならばニューヨークのレストラン・レビューとミシュランの相違は，評価する者の質の違いということになり，食文化の歴史的な厚みや広がりという点では，さすがにアメリカはヨーロッパに及ばないためである。

　ザガット・サーベイという世界に認められた独自の評価基準をもつことで，ニューヨークは自らの評価する食をほかの食文化圏に向けて，自信をもって発信できるようになった。

第5節 「観光と食」の官民協同

　またニューヨークにおいては「食」に関連して官民協同のプロジェクトの推進があったことを強調しておきたい。

　食との関連において，1980年代初期の官主導型エリア開発の代表例として注目すべきが，ロウワーマンハッタン地区にあるサウスストリート・シーポートである。サウスストリート・シーポートは，19世紀前半から後半にかけてニューヨークの海の玄関口として栄えたが，船舶の大型化に伴い寂れていった。しかし古いニューヨークの面影を残す場として1970年代頃から再開発運動が高まり，1983年に，現在の複合商業施設として復活した。

　現在のサウスストリート・シーポートは，4つの建物が並び，100軒以上の店舗やレストランが集まり，繁栄した当時の面影を知ることができるミュージアムも併設されている。すぐ近くにビジネス街があり，平日の昼間や夕方はビジネスマンの憩いの場として，そして，週末はイベント等も開催され多くの観光客を集める有名観光地となっている。

　1980年代後半から1990年代にかけて官主導型エリア開発の代表的存在が，チェルシーのハドソンリバー沿岸の再開発である。たとえばチェルシーマーケット。ナビスコの工場を改装し食料品店やレストランを集め，1989年に新たな食の人気スポットとして再生させた。

　また，近くには，1995年に，59番から62番までの桟橋（ピア）を利用して，1億2,000万ドルをかけ建設されたニューヨーク最大のスポーツ施設チェルシーピアがある。チェルシーピアは，30エーカーの敷地面積に，ボウリング，フィットネス，ゴルフ練習場，バスケットボールなどの各種スポーツ施設とともにレストランやパブを有し，各種イベントも開催されるなどニューヨークを代表するレジャー・スポットになっている。

　界隈では料理の鉄人森本正治氏がシェフを務め，建築家・安藤忠雄氏がハードを手がけた「モリモト」がオープン。3つ星シェフのジャン・ジョルジュ・

ボングリヒテンもタイ料理店を出店するなど，話題のレストランの出店が相次いだ。またデザイナーズホテルやクラブも続々と誕生し，ニューヨーク屈指の人気スポットとなっている。なお前述したサウスストリート・シーポートもこのチェルシーマーケットやチェルシーピアを中心とするウォーターフロントもともに歴史保存地区となっており，チェルシーの再開発は，1990年代のウォーターフロント再開発のモデルとなっている。

そして，1994年にルドルフ・ジュリアーニ市長が就任し，中心市街地の治安が回復するのにともない，タイムズスクエア周辺の再開発が進み，ファミリー層や観光客を対象とするテーマ・レストランの出店が増えるとともに，地価が高騰したことで再開発がアッパーマンハッタンにまで及び，現在，ハーレムが新たな再開発エリアとして脚光を浴びている。

以上，官主導型のエリア開発をみたが，民主導型が広い範囲で同時多発的に進行するのに対し，特定の施設建設を中心とする点の開発がその特徴となっている。しかし，チェルシーマーケットの周辺に多くの有名レストランが出店したように，1990年以降の官主導型のエリア開発は，民主導型エリア開発が民主導型エリア開発を誘発するかたちになっており，ある意味で理想的な官主導型のエリア開発がニューヨークで展開されているといえる。このような官主導型エリア開発においても，レストランに代表される「食」が重要な役割を担っていたのである。

第6節　おわりに

以上にみたように，食をはじめとしたアメリカブランドは強大な国力を背景として，アベセデスマップのCで圧倒的な地位を築いている。Aではヨーロッパに後れをとっていたが，近年ニューヨークのレストランは地元マスメディアと建設的な関係を築き，Aの地位を確立しつつある。

日本の観光と食についてアベセデスマップに基づき，以下のように提言して結びとする。

A：地元マスメディアとの共存共栄が必須。ただしメディアは単に提灯記事を書くのではなく，客観的な分析や紹介を続けることで信頼を得ねばならない。B：国内のレストランやホテルは，チェーンシステムを磨き上げることで生き残ることができる。たとえ国際的な知名度がないにせよ，国内外の旅行者には重宝な存在である。ニューヨークの事例でみたように，官民協同でプロジェクトを進めることも必要。C：国を挙げての「日本と食」のイメージアップが急務である。その前提がないと個々の企業力ではCに地歩を築くことは難しい。スペインでは「エルブジ」のフェラン・アドリアを観光大使に任命するなど，国が積極的にバックアップしている印象が強い。またハードやソフト，バリアフリー等で先進国のスタンダードに倣わねばならない。顧客対応として英語の堪能なスタッフもしくはネイティブの採用も当然に求められる。

　D：ここに位置しうる日本の食は少なくない。すでに神戸ビーフはアメリカで高い評価を受けているし，スシは世界の言葉になった。ただし欧米先進国で受け入れられることがDに位置するための条件といえ，彼らの美意識やロジックに合わせた戦略が求められる。またAと同じく，メディアの正しい評価を得ることで，Dに有利に駒を進めることができる。

　このように観光業と食の発展を考える場合，アベセデスマップはさまざまなヒントや，考える方法論の宝庫である。

COLUMN 01　タコせんべいを通して茅ヶ崎を活性化

　タコせんべいとは，わが社で販売する「湘南名物江の島タコせんべい」のことである。湘南地方では多少名の売れた土産品として好評をいただいているが，この商品が茅ヶ崎を活性化させている訳ではない。どちらかというと，補完しているといえる。

　まず，「土産品」とは活性化した街に発生する恩恵のような物であり，そこに行ってきた人やそこに暮らす人たちにおいて満足を補完するためにある。そもそも活性化していない土地に土産品はありえないのであり，活性化していないと土産品は売れない。要は土産品という物は，そこに行った人やそこの住人が，その土地を好きでないと売れないということである。逆にいうと，わが社のような業種には活性化は死活問題となる。

　次に「活性化」。この活性化という言葉。どうにかならないものかと考える。重たくてしょうがない。私なりの言葉でいい換えて体重を軽くしてみたいと思う。「そこに住んでいる人たちを喜ばせること」これでいかがなものか？

　茅ヶ崎の住人が，「茅ヶ崎ってさ～」とわが街をほめることが増えるほど，外部の人がうらやましがる。「茅ヶ崎っていいなー」といってもらえることが増えるほど，住人はステイタスを感じる。この住人たちが，よりコアなものを追い求めだした時に商人が呼応する。街には「今度はこれでどうだ」というお店屋さんが軒を連ねだし，さらに住人たちのライフスタイルをけん引していく。まさにこれが活性化である。

　そしてそのアンカー的な存在に土産品があり，住人を調子に乗らせていくのである。ここまで来てやっと，土産品は重宝がられてくる。

　問題は，「茅ヶ崎ってさ～，○○だよね」と，しかもほめてもらえる街にするにはどうしたらよいかである。

　私なりに茅ヶ崎を考察すると，東京まで1時間。海が近く，サーフィン文化やそれにともない湘南らしいライフスタイルが息づく理想の楽園……といいた

いがちょっと違う。どこかの不動産屋がうたう,「海辺のオシャレな街」より1.5歩くらいどんクサイのである。

　住んでみるとわかるが,平気でももひきのじいさんが麦わら帽子をかぶって出てくる。イカシタ若奥様は日焼けなんか気にせず真っ黒になってチャリンコに子どもの座席シートをたっつけてかっとんでいる。なかなかいかしたアロハシャツを着ているわりに短パンとビーサンで駅前を闊歩している。江戸ではしゃべらないくせに,地元では語尾に「ベー」をつける。等々。

　いろいろあるが,これが茅ヶ崎の「カギ穴」といえる。

　このカギ穴にぴったりフィットするようなカギ（イベントやムーブメント）をつくり,差し込んで無理なく回してやれば開錠（活性化）する。ところが,このカギ穴は1個ではない。住人が多く住み,複雑な要素（昔からの慣習や行事等）をもつ土地であればあるほど,カギ穴の数は増える。

　1つひとつ丁寧にカギ穴を理解し,キーをあてていく。これをさぼると素直に開かないので無理が生じる。無理は後日にたたるので,やはり勢いだけではいけないのである。丁寧に仕上げていくと,街の団結にもつながり,カギの数の分だけ「味」が出る。

　キメ細やかな街の成り立ちの知識と方法論,そして人脈をもたないと扉は開かない。その1つひとつのカギをあけて,はじめて「ようこそ茅ヶ崎へ」といえると考える。

　今,地方では若者達の都市への流出が止まらず,地域の空洞化が進んでいると聞く。若い世代にはぜひとも,故郷へ目を向け,生まれた土地の活性化に励んでいただきたいものだ。まだまだ,日本には美しい,誇るべき街がたくさん残されているのだ。

COLUMN 02　観光振興と観光協会の役割

　観光協会と聞いて，普通はどのようなイメージを思い浮かべるだろうか。
　一般的な観光地の観光協会と，一地方都市の観光協会ではおのずと内容が変わると思う。茅ヶ崎市は相模湾の中央に位置する温暖な気候と「湘南」のイメージに頼っている首都圏のベッドタウンである。このような所にも観光協会はある。
　近隣の鎌倉や江の島，小田原，箱根のような全国に名だたる観光地ではない。ゆえに，市民と連携し街の活性化を考える組織となる。私は当市の観光協会の役割は「茅ヶ崎に遊びに来ていただいて買い物もしていただき，茅ヶ崎のよい思い出を持って帰ってもらう」と考える。そのためにはわれわれ観光協会の職員はどのような行動をとればよいのか。
　まず，遊びに来てもらわなければならない。名所旧跡が多数ある街ではないので来てもらう仕掛けを考える。「イベント」の創出である。買い物をしていただくには，この地特有の「名産」を考案し作っていかなければならない。また，良い思い出とはイベント内容はもちろんだが，市民の来街者に対する「ホスピタリティ」だ。
　この「イベント」「名産」「ホスピタリティ」の3要素を盛り込める街づくりを常に考えている。
　「イベント」は目的，企画立案，実行，成果確認が必要だが，観光協会が絡むイベントの目的は上記の私の言葉が目的となる。車でいえばエンジンである。実行部隊は車輪となり，実行委員長が運転手。企画立案が車体となるが，最後に走らせるのはガソリンスタンドでガソリンが必要となる。
　しかし，これがなかなか満タンにならないのが茅ヶ崎のイベントである。ガソリンは活動費である。これには協賛企業や行政がガソリンスタンドとなって，そこで補給する。茅ヶ崎の場合，大手企業があるわけではないので，ガソリンは不足気味だ。燃費が悪い車だと目的が達成できない。そこで，低燃費な車が

必要となる。空気抵抗を考えカッコイイ車で，なおかつ低燃費となる。そこでイベンターにお願いするのではなく，ボランティアにお願いする。つまり，手弁ター（テベンター）である。常にテベンターにお願いするので茅ヶ崎のボランティアはイベント上手である。

次に「名産」だが，茅ヶ崎は昔から海の幸はあるが観光地のようなお土産がなかなかない，というかなかった。そこで茅ヶ崎のイメージを形にする。湘南，茅ヶ崎，サザンオールスターズ，ゆる〜いライフスタイルをキーワードに，サザンがらみのネーミングの商品やアロハシャツなど……。当観光協会では開発から販売まで手掛けているがアンテナショップも設け会員企業の販売促進も行っている。

最後の「ホスピタリティ」だが，おもてなしをするには茅ヶ崎の市民が自らの街を知り，愛していなければならないと思う。そこで，観光協会では市民，とりわけ子どもたちを対象に市内のいろいろな施設などを知ってもらうイベントを実施したり，ツールを作成している。

このように茅ヶ崎のような街の観光協会が観光振興のためにやらなければならないことは多岐に及ぶのである。独りよがりはだめで，常に相手の立場でものを考える必要がある。しかし，これはすべての人ができるものではない。そこで，職員には常にアンテナを磨き伸ばすことを説いている。そのことによって情報収集，分析からニーズを知り，アイディアも出てくる。もちろん，自らの郷土愛を念頭に入れてではあるが。

第 II 部

多様なツーリズム
―変化している観光客のニーズ―

第4章
多様化・成熟化する観光ニーズ

第1節　はじめに —— 変化する観光ニーズ

　かつて，日本人の海外旅行といえば団体旅行であった。日本から同行する添乗員に率いられ，ぞろぞろと団体で観光名所を駆け足で見物する日本人の姿が海外のあちこちでみられた。現在でも添乗員が同行するパッケージツアーの人気は高いが，その内容や形態は多様化している。かつてのように大人数で観光名所を巡るタイプのものだけでなく，より小規模なグループでのパッケージツアーが増えている。また，添乗員が同行せず家族や友人だけで旅行する形態のパッケージツアーが主流になり，訪問先でゆっくり滞在したり，その地ならではの体験をしたり，といった内容のものも多い。さらに，旅行会社のパッケージツアーではなく，消費者が自分で旅行を組み立て手配する個人旅行を選ぶ人も増えている。

　このような変化は，観光ニーズの多様化・成熟化と呼ばれている。海外旅行だけでなく，国内旅行においても多様化・成熟化した観光ニーズがみられるようになっているが，本章では特に大きな変化が見られる海外旅行に焦点を当ててみたい。

第2節　観光市場の多様化 —— 十人一色から十人十色へ

　日本人による観光旅行は「十人一色」から「十人十色」へ変化したといわれ，

さらに現在では「一人十色」という表現が使われるようになっている。誰もが同じような観光旅行をしていた時代から、1人ひとりが異なる観光ニーズをもつ時代に、そして、同じひとりの人が時と場合により多様な観光ニーズをもちさまざまな内容と形態の観光旅行を求めるようになってきたことを指している。

　そのように考えると、本章のタイトルにある「多様化」には2つの意味が込められていることがわかるだろう。1つめは「十人一色」から「十人十色」への変化である。AさんにはAさんが好む観光旅行があり、BさんにはBさんの好む観光旅行がある、というように、日本人の観光市場にさまざまな観光ニーズが存在していることを指したものである。2つめは「一人十色」という言葉で表される変化である。Aさんは贅沢なヨーロッパ旅行もするが、週末の格安ツアーで台湾へ出かけたりもする、というように、ひとりの消費者のなかにさまざまな観光ニーズが存在している状態を指している。現在の日本ではこれら2つの多様化が進行しているのではないかと考えられる。まず、本節では1つめの多様化＝観光市場全体としての多様化を日本人海外旅行の内容や形態の変遷の点からみていこう。

1．「憧れの海外」から「手の届く海外旅行商品」へ

　1964年に日本人の海外渡航が自由化された。それまで日本人は現在のように自由に海外へ行くことはできず、正規留学や、貿易商社の社員、あるいは国際公務員など、ごく一部の限られた人にだけ海外渡航が許可される時代だったのである。しかし、海外渡航自由化が即、多くの日本人が海外旅行に出かけることには直結しなかった。当時は1ドルが360円の時代であり、海外旅行は当時の大学卒新入社員の初任給の何十か月分もする、とてつもなく高価な商品、「憧れの海外」そのものだったからである。その結果、1964年の日本人海外旅行者数は12.8万人にとどまった。

　ここで、図表4－1をみてみよう。海外渡航自由化の1964年から少しずつではあるが、海外旅行者数が増えていき、1970年を境に急に数が伸びていく

図表4－1　日本人海外旅行者数（1964～2010年）

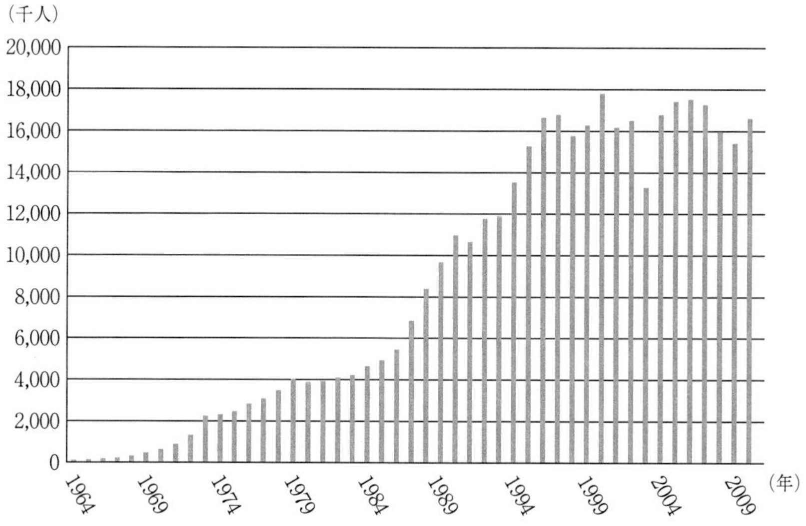

出所：法務省出入国管理統計統計表より作成。

のがわかるだろう。これはなぜだろうか。

　ひとつには，旅行会社がこれまでよりも安い海外パッケージツアーを売りはじめたからである。その背景には航空業界におけるジャンボジェット機（ボーイング747型機）に代表される大型旅客機の普及があった。ジャンボジェット機はこれまでの航空機に比べて座席数が多く，航空会社はその座席数をさばくために「バルク運賃」と呼ばれる，割引率の高い団体割引運賃を導入した。これにより，旅行会社は今までよりも価格をおさえた海外パッケージツアーを売り出すことが可能になったのである。

　ただし，バルク運賃制度では，旅行会社は航空会社から販売手数料を得ることができず，また最低買い取り座席数も多かった。つまり，旅行会社としては航空座席を安く仕入れることができる一方で，買い取った座席はすべて売り切らねばならないというリスクの高い商品だったのである。その結果，当時日本人にとって手の届きやすい旅行先であるハワイやグアムなどに向けてのパッケ

ージツアーを旅行会社が大量生産する,という構図ができあがっていった（佐藤,2008）。

このようにして,旅行会社によるパッケージツアーの普及により,日本人にとっての海外は「手の届く海外旅行商品」となっていった。みんなが同じような旅程で同じような海外旅行を経験するという「十人一色」の時代のはじまりである。

2．海外旅行の浸透と多様なパッケージツアーの登場

低廉化したパッケージツアーによって,ほぼ毎年のように前年を上回る数の日本人が海外へ出かけて行ったのが1970年代から1980年代の前半である。「手の届く」海外にはなったものの,この頃までの日本人にとっての海外旅行は,新婚旅行や退職記念旅行など人生の一大イベントとしての位置づけにあるものだった。しかし,図表4－1をみると,1980年代中ごろから1990年代前半までのあいだ,日本人海外旅行者数が急激な上昇カーブを描いていることがわかる。この約10年のあいだには何があったのだろうか。

日本人海外旅行者数の急伸の背景にあったのが,海外の通貨に対して円が強くなる「円高」である。これにより海外旅行にかかる総費用が下がり,これまで以上に海外旅行が身近なものとなっていった。この時の円高は,日本の大幅な貿易黒字を解消することを目的として,先進主要国政府が円買いに介入（1985年のプラザ合意）したことにより引き起こされたものである。

プラザ合意の翌年である1986年,日本政府は「テンミリオン計画」を打ち出し,1991年までの5年間に日本人海外旅行者数を500万人から1,000万人に倍増させることを目標に国民の海外旅行参加を奨励することとなった。この計画の目的は,第1に貿易摩擦の解消である。日本人が海外に出かけることは日本にとっては輸入に当たり,貿易黒字を相殺する働きをするからである。第2に,日本人のよりいっそうの国際化を進めることが目的であった。こうした政府の働きかけが,海外旅行費用の低下と相俟って,「海外旅行をするのは特別なことではない」という空気が世のなかに広がっていったのである。その結果,

テンミリオン計画は予定より1年前倒しの1990年に達成された。

　こうして1990年代には日本人による海外旅行への参加が一段と浸透していったが，この時代になると2回目，3回目の海外旅行に出かける人も増えてきた。10回以上海外旅行を経験したベテラン旅行者も徐々に珍しくなくなってきた。そんななかで，旅行会社がつくるパッケージツアーにも変化がみられるようになってきた。

　ひとつは「スケルトン・パッケージ（Skelton Package）」と呼ばれるツアーである。往復のフライトと現地での宿泊および空港・ホテル間の送迎のみがセットされた，いわゆる「フリープラン型」のパッケージツアーである。海外旅行慣れしてきた消費者の間でみられはじめた「海外滞在中は自分が好きなように行動したい」「ほかの旅行者と団体になって一緒に行動したくない」というニーズに対応しようとするものである。2度目，3度目の海外旅行参加者が，ハワイ・グアムなどのリゾートやパリ・ニューヨークなどの都市を旅行目的地とする場合などに，このようなフリー型のパッケージを選択するようになり，スケルトン・パッケージは徐々に旅行会社のパンフレットの一角を占めるようになってきた。

　もうひとつは「スペシャル・インタレスト・ツアー（Special Interest Tour, 以降SITと省略）」と呼ばれるものである。たとえば，これまでのヨーロッパツアーであれば，パリ・ロンドン・ローマといった主要都市の観光名所だけを駆け足で周遊するものが主流であったが，そのような「ありきたり」な観光に飽きた消費者向けに，テーマ性をもった観光を提供しようとするのがSITである。たとえば，フランス・ボルドー地方の有名シャトーを訪ねる旅，アガサ・クリスティのミステリー小説の舞台を巡る旅など，さまざまな切り口でのSITが販売されるようになっていった。

3．FITの登場と個人志向化

　日本人海外旅行市場が急拡大し，旅行会社のパッケージツアーに変化が現れはじめたのと前後して，日本人の海外旅行を大きく変えることになる航空券の

流通革命が起こりつつあった。格安航空券の普及である。従来の国際航空運賃には個人が購入できるような割引運賃が存在せず，個人で海外旅行を手配しようとすると，非常に高額な普通運賃で航空券を買わざるを得なかった。一般の日本人にとって，普通運賃での海外旅行は現実的ではなく，海外旅行をするには旅行会社が販売するパッケージツアーを購入するしかなかった。そんななか，旅行会社が航空会社から仕入れた団体割引運賃の航空券を，個人向けにバラ売りする旅行会社が1980年代に相次いで登場したのだ。このようなビジネスは当時の旅行業界ではルール違反とされていたため，大手の旅行会社は格安航空券の販売には消極的であったが，のちに大手旅行会社として成長することになるエイチ・アイ・エス（H.I.S）などが先駆けとなって，格安航空券の流通が広がっていったのである。やがて，1990年代後半以降は大手旅行会社もこの動きに追随することになり，現在では多くの大手旅行会社が格安航空券を取り扱うようになっている。

　旅行会社のスケルトン・パッケージを利用するような，自由度の高い旅行を好む消費者のなかには，より自由に，より自分の思い通りに海外旅行を組み立てたいと考える人々も多くいた。特に，大学生や若い社会人などのあいだで，格安航空券を使った海外個人自由旅行（Foreign Independent Travel，以降FITと省略）がブームとなった。1980年代後半から1990年代前半にかけて，FITに必要な現地の各種情報を満載したガイドブックである「地球の歩き方」をもち，バックパックをかついで旅行する日本人の若者の姿が，海外のあちらこちらでみられた。

　この時期のFITを推進したのは格安航空券の流通であるといえるが，さらに1994年から各航空会社が導入した「ゾーンPEX運賃」と呼ばれる個人向け正規割引運賃の登場がその後のFIT化をさらに推し進めた。ゾーンPEX運賃は導入後徐々に価格が下がり，格安航空券との差がほとんどなくなったこともあり，また，第1章で述べたように，IT技術の進歩により消費者がホテルや航空会社のウェブサイトから直接客室や航空券を予約・購入できる環境が整ったことも手伝って，自由度の高い旅行を求める消費者のFIT化が1990年代後

図表4－2　海外旅行経験回数別に見た「自由度の高い海外旅行」に参加する人の割合
(%)

海外旅行経験	1996 (n=4,823)	2000 (n=3,820)	2004 (n=4,055)	2008 (n=4,273)
1回	40.8	51.1	46.6	54.5
2－3回	45.8	51.5	52.2	57.4
4－5回	49.6	56.2	51.3	56.7
6－9回	56.4	53.9	57.4	65.5
10回以上	65.9	63.8	66.8	67.6

(注)　1．「FIT（出典資料の記述では「個人手配旅行」）」と「スケルトン・パッケージ（出典資料の記述では「フリータイム型パッケージツアー」）」を合計して「自由度の高い海外旅行」とした。
　　　2．観光目的のみに限定した調査結果がなかったため，観光目的以外の海外渡航者も含んだ全回答者のデータに基づいた数値である。
　　　3．1995年以前の調査では海外旅行経験回数と自由度の高い海外旅行の関連に関するデータがなかったため，1996年以降4年ごとの数値を参考として作成した。
出所：日本交通公社（1997），ジェイ・ティー・ビー（2001），ツーリズム・マーケティング研究所（2005）を基に作成。

半以降も進んだのである。

　図表4－2は，海外旅行経験回数別にみた「自由度の高い海外旅行」に参加する人の割合を示しているが，特に10回以上の海外旅行経験をもつ人のあいだで自由度の高い海外旅行が選択されていることがわかる。

　自由度の高い海外旅行形態であるスケルトン・ツアーやFIT，そしてテーマ性をもったパッケージ旅行であるSIT，といった新しい海外旅行の形態は，日本人の海外旅行が「個人志向化」していく過程のなかで，それらの多様なニーズにこたえるために登場してきたものである。旅行会社があらかじめ用意してくれたツアーに参加し，参加者みんなが同じような観光をしていた「十人一色」の時代から，1人ひとりが異なる観光ニーズをもつ「十人十色」の時代へのシフトが，主として海外旅行の経験が豊富な消費者のあいだで起こっていたのだ。

4．個人間の多様性 —— 旅行者の類型論

　しかし，もちろんすべての日本人に個人志向化が起こったわけではない。経験を積んでも志向が変わらない人もいるだろう。人それぞれに食べ物に「好み」があるように，観光旅行にも人それぞれの「好み」のタイプがある，と考えることもできる。観光学では人々が好む観光のタイプで旅行者を分類する研究（旅行者の類型論）が行われている。

　古くからある分け方に，旅行者を「ツーリスト（tourist）」と「トラベラー（traveller）」に二分するものがある。二分論を初めて提唱したブーアスティン（Boorstin, 1964）によると，ツーリストは旅行会社があらかじめ用意したパッケージツアーを購入する受身な観光客である。一方，トラベラーは旅行会社のパッケージツアーでは満足せず，冒険的な体験と旅行を通して人との出会いを求める旅行者である。この分類に従うと，添乗員同行のパッケージツアーにばかり参加する人は「ツーリスト」で，スケルトン・パッケージに参加したりFITを実践する人は「トラベラー」ということになるだろうか。一方，テーマ性のある旅を求めてSITに参加する人は，旅行会社に依存する受け身な観光客＝「ツーリスト」，ということになってしまうのだろうか。

　このように，旅行者をやや乱暴に区別してしまう二分論に対して，個人間の多様な差異を認め，旅行会社や観光目的地の社会とのかかわり方に着目したのが社会学者のコーエン（Cohen, 1972）である。コーエンによると，観光の本質は目新しい経験を求める好奇心（新奇性）と普段慣れ親しんだ環境を保持することによる安心（熟知性）という，相反する経験の組み合わせであるという。「新奇性（novelty）－熟知性（familiarity）」は連続した直線の両極にあり，すべての旅行者はこの直線上のどこかに位置づけられる。「トラベラー」か「ツーリスト」か，といった2つに1つではないのである。

　コーエンは旅行における「熟知性」は旅行会社による「観光の制度化（institutionalisation of tourism）」によって保障されるものととらえ，観光の制度化がもたらすものを「環境の泡（environmental bubble）」と呼んだ。「環境の泡」とはなんだろうか。宇宙船にたとえるとわかりやすいかもしれない。宇

図表4-3　コーエンの旅行者分類

分類	説明	旅行形態	制度化度合
組織化されたマスツーリスト	冒険心がなく，旅行の全期間中「環境の泡」に依存している。全行程が予め決められている，添乗員同行のフルパッケージ商品を購入。訪問先の人々や文化との直接的接触はほぼ皆無である。	*制度化された旅行* 旅行会社によって予め商品化され販売される旅行	＜制度化度合－高＞ 旅行会社への依存－大 熟知性－大　新奇性－小
個人的なマスツーリスト	組織的なマスツーリストに比べると行程中個人での行動範囲や時間がやや広がるが，基本的な行程は予め規格化されているため「環境の泡」によって訪問先社会独自の体験からは隔離されている。		
探索する人	旅行会社に頼らず旅行者が自ら旅行を準備・手配し，いわゆる観光ルートや名所を避ける傾向があるものの，快適な宿泊施設や信頼できる交通機関を利用する。「環境の泡」から遠ざかって訪問先の人々と直接接触したい気持ちはあるが，いざというときには泡の中へ帰れる程度の距離にとどまる。	*制度化されない旅行* 旅行会社に依存しない個人旅行 必要不可欠な状況以外での旅行会社との接触を避ける	熟知性－小　新奇性－大 旅行会社への依存－小 ＜制度化度合－低＞
放浪する人	旅行会社との一切の接触を拒み，日常生活を想起させる環境から出来る限り遠ざかろうとする。予め旅行行程は決めず，旅行会社にまったく依存することなく自力で旅を続ける。訪問先の文化・生活習慣を完全に受け入れて，その地域の人々と同じように過ごそうとする。		

出所：コーエン（Cohen, 1972），クーパーら（Cooper et al., 1998），佐々木（2000）を基に作成。

宙空間を旅する人間は宇宙船に乗っている。宇宙船のなかは地球上と同じ空気で満ちており，過酷な宇宙空間の環境から人間を護っている。宇宙船から一歩外に出ると，そこは地球上とはかけ離れた環境なので，人間は生きていくこと

ができない。同じように，海外旅行に出かける時，日本から添乗員に付き添われ，同じパッケージツアーに参加した日本人観光客とともに貸切バスで移動し，食事も観光も皆一緒，という旅行であれば，海外にいようとも「宇宙船・日本丸」に乗ったままの状態に置かれることになる。日本とは異なる世界である海外を旅しながら，その異文化をじかに体験する機会は少なくなる。このような状況は，パッケージツアーの行程のうち，旅行会社があらかじめ企画し，管理する部分が多くなればなるほど，よりはっきりと表れるだろう。観光の制度化度合いが高い状態である。

　また，多少フリータイムが設定されたパッケージツアーに参加すると「宇宙船・日本丸」から一時下船できるので，じかに異文化を体験できるチャンスがある。しかし，何かトラブルが起きた時にはすぐに宇宙船に戻ってこれるので安心だ。このような状況は観光の制度化度合いが中程度だといえる。

　他方，スケルトン・パッケージやFITでは，基本的には「宇宙船・日本丸」には乗船していないので，旅行者は直接異文化を経験することになる。観光目的地で暮らす人びととの接触も多くなるかもしれない。観光の制度化度合いが低い状態である。

　このように「宇宙船・日本丸」から下船せずに乗ったままの人と，下船して直接的に観光目的地の文化を体験した人とでは，同じ国・地域への旅行であっても，それぞれの観光経験はかなり異なったものになる。旅行会社による観光の制度化度合いが高くなればなるほど，旅行者は「環境の泡」によって観光目的地のリアルな社会から隔離されることになり，その度合いが観光経験の質に影響を与えるのである。

　そして，どのような観光経験を求めるのかは個人によってさまざまである。異文化に直接接することは，ある人にとっては刺激的で楽しいことかもしれないが，別の人にとっては不安に思えることかもしれない。その場合，旅行会社による「環境の泡」は旅行者を守る大切な役割を果たす。また，どれだけ海外旅行経験を積んだとしても，「環境の泡」を必要と感じる人もいるかもしれない。ひとそれぞれに，健康上の問題や語学能力などの違いによって，「環境の

泡」を離れて異文化のなかを独自で旅する自信には差があり，旅行会社に求められる制度化の度合いは異なってくる。

本節では，観光市場全体としての多様化を2つの側面からみてきた。1つは，1990年代に進行した旅行経験豊富な日本人による個人志向化であり，もう1つは旅行者の類型論が論ずるような個人間の嗜好の差異である。つまり観光市場の多様化とは，観光市場を構成する消費者の観光行動を特定のある時点でみたときに浮かび上がってくる個人間の多様性であり，十人十色という表現で表されるものである。

第3節　個人内の多様化──一人十色の観光ニーズ

市場全体の多様化現象をもたらした1つの力は，旅行経験が豊富な消費者による個人志向化の進行であることを前節でみてきたが，そのような変化はどのように説明できるのだろうか。本節では観光学の理論から個人志向化についてみていこう。

1．経験の蓄積と旅行キャリア

観光心理学者のフィリップ・ピアス（Philip Pearce）は，人びとの観光旅行の経験の蓄積と，観光旅行に対する欲求との関係を「旅行キャリアモデル（Travel Career Ladder）」という仮説として提唱している。そのもとになったのは，よく知られたマズロー（Maslow, 1954［小口，1971］）の欲求階層説である。

ピアスとカルタビアーノ（Pearce and Caltabiano, 1983）の実証研究では，調査対象者を過去の旅行経験量に基づいて低・中・高の3グループに分け，それぞれの旅行経験評価を比較分析した。その結果に基づき，人々の旅行経験量が増えるにつれ旅行に求める欲求がマズローの欲求五段階の下位から上位へ（生理的 → 安全 → 所属と愛 → 自尊 → 自己実現），段階的に上昇するという「旅行キャリアモデル」が提唱された（ピアスとモスカード，Pearce and Moscardo, 1985）。

図表 4 − 4　ピアスの旅行キャリアモデル

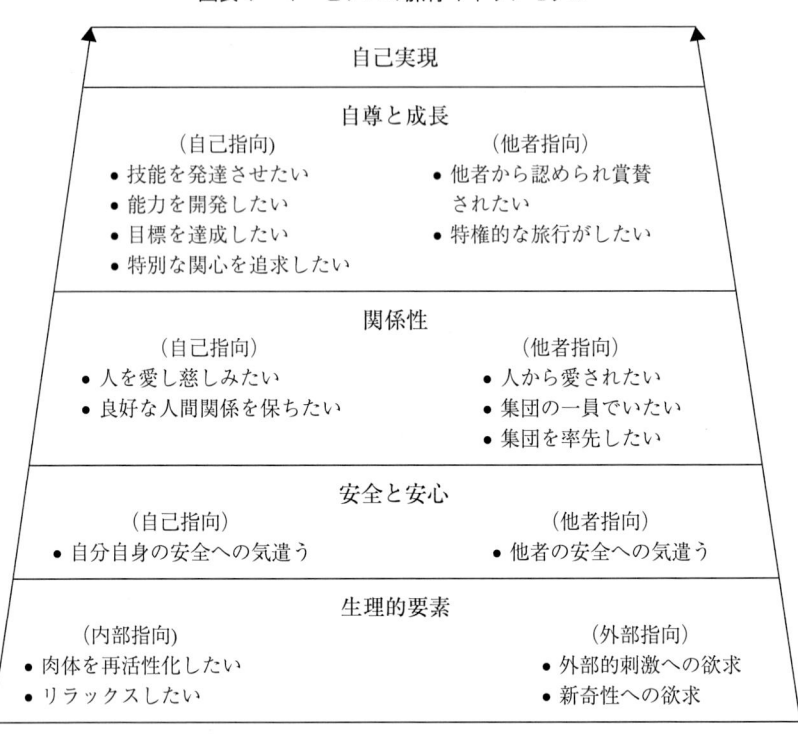

```
                        自己実現
─────────────────────────────────────────────
                       自尊と成長
        （自己指向）                （他者指向）
    ・技能を発達させたい         ・他者から認められ賞賛
    ・能力を開発したい             されたい
    ・目標を達成したい           ・特権的な旅行がしたい
    ・特別な関心を追求したい
─────────────────────────────────────────────
                        関係性
        （自己指向）                （他者指向）
    ・人を愛し慈しみたい         ・人から愛されたい
    ・良好な人間関係を保ちたい   ・集団の一員でいたい
                                 ・集団を率先したい
─────────────────────────────────────────────
                       安全と安心
        （自己指向）                （他者指向）
    ・自分自身の安全への気遣う   ・他者の安全への気遣う
─────────────────────────────────────────────
                       生理的要素
        （内部指向）                （外部指向）
    ・肉体を再活性化したい       ・外部的刺激への欲求
    ・リラックスしたい           ・新奇性への欲求
```

出所：ピアス（Pearce,1988），佐々木（2000）を基に作成。

　ピアスは旅行欲求のレベルが異なれば求められる旅行経験のレベルも異なると考え，（ⅰ）旅行経験量，（ⅱ）旅行欲求のレベル，（ⅲ）求める旅行経験の質，には関連性があり，それは「はしご（ladder）」のように一定の順序で段階的に進行していくものと考えたのである（ピアス，Pearce, 1988）。
　例を用いて説明してみよう。ある人がこれまでの海外旅行を振り返っている。

　　「わたしの初めての海外旅行は友人とふたりでのグアム島へのパッケージツアーでした。添乗員が同行しているので，初めての海外でも安心できるような旅行がよいと思ったからです。2回目の海外旅行も友人とのパッ

ケージツアー参加で，今回はハワイのオアフ島ワイキキでのんびり過ごす旅行でした。すっかりハワイが気に入ったのですが，今度はリゾートではない場所にも行ってみたいと思うようになって，翌年ヨーロッパ3都市周遊のパッケージツアーに参加することにしました。今回も友人と一緒です。添乗員付きのツアーでしたが，途中で自由行動の日が2日ほどあり，ガイドブックを頼りに友人と街歩きをしてみたのが予想以上に楽しかったんです。そのうち半日は友人とは別行動でひとりでアンティーク・マーケットへ買い物にも行ってみました。英語はほんの片言しかできませんし，ほかの外国語はまったく話せないんですけど，身振り手振りでなんとかなりました。この時に海外旅行への自信がほんの少しついたような気がします。そこで4回目の海外旅行では，ヨーロッパでも特に印象深かったロンドンへ，スケルトン・パッケージで行ってみることにしたんです。前回の旅行では訪問できなかった小さな村にもロンドンから日帰りで行ってみました。そこでたまたま立ち寄ったイングリッシュ・ガーデンの美しさに魅かれて，日本に帰ってから，英国式ガーデニングの本を買って読んだり，専門のサイトをみたりしています。今度行く時には，女性誌の特集でみた「庭園の美しいイギリスの宿」という記事のなかに載っていたマナーハウス（貴族の館）に泊まってみたいと思っています。同じ趣味の友人は今のところいないし，次はひとりで行ってみてもよいかなと思いはじめているところです。」

　上記の例では，安全な環境のなかでリラックスする旅行から，観光目的地特有の文化に興味をもつようになっていき，海外旅行の形態も添乗員同行のパッケージツアーから，自由度の高い海外旅行形態へ移行していく様子がみられる。
　このように，ピアスの考える旅行者は過去の旅行経験から学習し，旅行に求める経験の質が高まっていく。同時に，個人志向が高まることによって，ありきたりなパッケージツアーでは満足せず，より自分らしい観光を求めるように

なっていくのである。

　旅行キャリアモデルでは，旅行者の成長の基礎をこれまでの旅行経験量に求めているが，そのキャリアの「入り口」は個人によって異なるとしている。もっとも下位のレベルからスタートする人がいる一方で，最初から比較的上位のレベルに位置する人もいる。

2．自由自在な旅行者

　旅行キャリアモデルでは，旅行経験の蓄積が求める旅行の内容や形態に影響を与えることをみてきた。しかし，人の観光の内容や形態に影響を与えるのは過去の旅行経験だけなのだろうか。ライフサイクルにおけるステージ（以降，ライフステージと呼ぶ）もまた，ひとの観光の内容や形態に大きな影響を与えるものだと考えられる（片山，2006）。

　たとえば子どものいる家族の例を考えてみよう。子どもが小さなころは子どもを中心に旅行の内容を決めるだろう。遠距離の目的地や激しい気温の変化にさらされる場所への旅行は難しい。近場の目的地でのんびり過ごすことが多いかもしれない。しかし，子どもの成長につれて，テーマパークへの旅行やリゾートでの滞在といった旅行が好まれるようになるかもしれない。子どもが小学生になると，大自然に触れるような旅行，あるいは都市観光で博物館を訪れるような旅行が望ましいと思う夫婦もいるだろう。やがて子どもが中学から高校へと進むにつれて，夫婦2人だけでの旅行を楽しめるようになるかもしれない。

　このように，観光の内容や形態はライフステージが進むにつれ変化していくと考えられる。また同じライフステージにいても，同行する相手が変わることによって，求めるものが変わってくるだろう。友人同士で行く旅行，家族で行く旅行，ひとりで行く旅行，それぞれ違った観光経験を求めるのではないだろうか。

　このような「個人内」の観光経験の多面性を指摘し，「自由自在な旅行者（Versatile Tourist）」と呼んだのがオオイ（Ooi, 2002）である。私たちは必ずしも一定の観光行動のパターンを取るわけではない。いかにも観光客向けの出

し物的なイベントを楽しむこともあれば，演出性のない「本物」の観光経験を追い求めることもある。個々の旅行者は多様な欲求をもち，その観光行動は多面的で必ずしも一貫性があるとはいえない（オオイ，Ooi, 2002）。

第4節　おわりに —— 成熟化する観光ニーズ

　個人の海外旅行歴の変遷についての調査研究によると，旅行経験が豊富な消費者のなかにはFIT化する消費者と，さまざまな旅行形態を使い分ける消費者とが混在するという結果が出ている（Takai-Tokunaga, 2007）。前者はピアスの旅行キャリアモデルで想定されているような，個人志向化が進んだ状態の消費者である。旅行経験を積むに従って，旅行会社が提供するパッケージツアーからは離れていき，自分で組み立てた観光をするようになった「自立的な旅行者」である。

　だが，彼らは二度と旅行会社の顧客にはならないのだろうか。なかにはライフステージの進行により，再び旅行会社の提供するパッケージツアーに参加する人もいるかもしれない。あるいは，旅行経験を積んだ消費者だからこそ行きたくなるような「通」好みのパッケージツアー，たとえば専門知識が豊富なガイドと行くエコツアーなどの商品に関心をもつかもしれない。

　このように「自立的な旅行者」のうちの何割かは，旅行経験豊富な消費者のもう1つの進化形である，さまざまな旅行形態を使い分ける旅行者に転化していく。前節で紹介したオオイの自由自在な旅行者という概念がこれに当てはまる。ライフステージや同行者，その時々の気分などによって異なる観光の内容や形態を使い分け，パッケージツアーにも参加するが，FITで海外へ行くこともある，つまり旅行会社とのかかわり方を自分で自在に仕切り，柔軟に旅行会社を使いまわす人びとである。彼らはその豊富な旅行経験を蓄積する過程でさまざまな観光を経験し，多様な旅行の楽しみ方を知り，情報収集能力が高く，旅行商品に対する知識も豊富である。このような成熟した消費者を「自立的な旅行者」に対して「自律的な旅行者」と呼びたい。

本章では，日本人海外旅行における多様化する観光ニーズをみてきた。パッケージツアーの普及によってもたらされた「十人一色」の時代，個人志向化の進行による「十人十色」の時代，さらに個人内の多様な観光ニーズが顕在化しつつある「一人十色」の時代へと観光市場は変遷してきた。その成熟化の先端に位置するのが自律的な旅行者ではないだろうか。自律的な旅行者の時代にあって，かつてのように同質的なパッケージツアーを大量生産するだけの旅行会社は利益がますます縮小し苦戦している。これまでにもまして，自社のパッケージツアーはどのような顧客に対してどのような価値を提供するのかを精査しなければならないだろう。

　本章では観光ニーズの多様化・成熟化を，その進行が顕著な海外旅行を例として論じてきたが，国内旅行においても同様の変化が起こっている。国内旅行は海外旅行よりも早くから国民に浸透しており，外国語というバリアがない分，多様な観光ニーズにこたえるための商品づくりもすすみやすい。そのような動きが第1章で紹介した着地型観光の商品づくりにも反映されている。そこで，第5章，第6章では多様な観光ニーズに対応する多様なツーリズムをみていくことにしよう。

第 5 章
エコツーリズムとグリーン・ツーリズム

第1節　はじめに

　本章では，エコツーリズムやグリーン・ツーリズムという新しい観光の潮流について，その定義や歴史，事例とともに，そこからどのような新しい観光と地域づくりの展望や課題が提起されているかを解説する。

第2節　「観光」から「感幸」へ
　　　　――観光のありようが変わってきた

　国を問わず，国の経済的成長や国民の生活の豊かさの獲得とともに観光は特定層のものから徐々に大衆化し，旅を演出し実現させるビジネスが発達していく，という共通する傾向をもっている。世界的には第二次世界大戦後，日本は1960年代初頭から80年代後半のいわゆる高度経済成長時代に，その顕著なタイミングが訪れた。このころの観光をとりまく社会でのできごとを整理すると，図表5－1の通りである。1964年に，それまで規制が厳しかった海外渡航が自由化され，小笠原や沖縄などの，第二次世界大戦後の日本にはなかった亜熱帯の島々という'エキゾチック（異国的）'な地域が日本に戻ってきた。国土計画に基づく高速道路網や鉄道網の整備，旧国鉄のキャンペーンや旅行雑誌の普及などが人々の旅行熱を掻き立て，職場などでの観光が盛んになった。パッケージツアーは，観光を特別な人々の楽しみという「高嶺の花」から，庶民で

図表5－1　高度経済成長時代における日本の観光トピック

年	できごと
1963年	観光基本法公布
1964年	日本人の海外渡航自由化はじまる
1968年	小笠原施政権返還
1970年	日本万国博覧会（大阪），国鉄ディスカバー・ジャパンキャンペーン
1972年	沖縄施政権返還
1974年	オイルショック
1975年	沖縄海洋博
1978年	国鉄「いい日旅立ち」キャンペーン
1984年	国鉄「エキゾチック・ジャパン」キャンペーン
1987年	総合保養地整備法（通称リゾート法）
1990年	バブル経済崩壊
1992年	公立小中学校週5日制へ

も気軽に楽しめる日常的なものへと変化させる役割を担い，大型宿泊施設の整備を行い，大量生産型（マスプロダクツ）の観光を推進するメジャーな観光地がいくつも現れた。一方で都市への人口と労働の集中の傍らで過疎化していく農山村を活性化するため，リゾート法（総合保養地整備法）が施行された。これにより一時，観光によって地域経済が潤い，雇用が確保されるという夢を多くの人々が抱いたのである。しかし，バブル経済の崩壊が，右肩上がりの成長に歯止めをかけた。後に残されたのは，開発途上で中断したリゾート地や，後継者不足に悩む中山間地域の農村，漁村等であった。産業開発や都市化の中で取り残された地域が，次なる地域活性化方策として期待を寄せた観光からも再び取り残されてしまったのである。

　本章で紹介するエコツーリズムやグリーン・ツーリズムは，このような観光の大きな流れのなかで，地域社会の持続や環境保全と観光とのかかわりを見直そうという発想から，海外で普及した新しい観光の概念である。日本は，それを単に「輸入」したり「模倣」したりしたのではなかった。上述したような観光をとりまく社会状況のなかで普及し，独自の発展を遂げてきたのだ。そして，地域と観光者の交流を通して観光を「感幸」と読みかえるような機運をつくっ

てきたのである。

第3節　エコツーリズム

1．エコツーリズムとは何か

　エコツーリズムは，生態系という意味のエコシステム（ecosystem）の接頭辞エコ（eco）と，観光を表すツーリズム（tourism）が合体した造語である。狭義には自然や生態系を対象資源とする観光や，大自然のなかで体を動かす観光と説明されることがあるが，それらは後述するエコツアーや，ネイチャーツーリズム，アドベンチャーツーリズムなどといい換えても同じことである。本来の「エコツーリズム」には，発祥が物語るように，もっと広義の意味がある。

　海外における初期のエコツーリズムの定義として，自然保護の立場と観光業の立場の2側面からの表現をご紹介しよう。

> ①　世界自然保護基金（WWF）による定義
> 　「エコツーリズムとは，①保護地域のための資金を作り出し，②地域社会の雇用を創出し，③環境教育を提供することにより，自然保護に貢献する自然志向型の『観光』である。」（Elizabeth Boo, *Ecotourism-Potentials and Pitfalls*, 1990）。
> ②　米国旅行業協会による定義
> 　「エコツーリズムとは，環境との調和を重視した旅行。すなわち野生の自然そのものや環境を破壊せずに自然や文化を楽しむことを目的としている。」（(ASTA，国際観光振興会訳) 1992）

　自然保護に主眼があるのか，観光に主眼があるのかという立ち位置の違いがあるが，観光のスタイルとしては共通していることがわかる。日本国内各地にエコツーリズムを普及・浸透させる役割を担ってきたNPO法人日本エコツーリズム協会は，海外でのこのような定義を踏まえて，次のような，より日本に即した定義を発表した。

③　日本エコツーリズム協会による定義

「エコツーリズムとは，①自然・歴史・文化など地域固有の資源を生かした観光を成立させること，②観光によってそれらの資源が損なわれることがないよう，適切な管理に基づく保護・保全を図ること，③地域資源の健全な存続による地域経済への波及効果が実現することをねらいとする，資源の保護＋観光業の成立＋地域振興の融合をめざす観光の考え方である。それにより，旅行者に魅力的な地域資源とのふれあいの機会が永続的に提供され，地域の暮らしが安定し，資源が守られていくことを目的とする。」（エコツーリズム推進協議会＊，1999）　＊現NPO法人日本エコツーリズム協会

すなわち，広義のエコツーリズムは，観光，環境教育，資源保護，地域活性化という一見ばらばらなものをつなぎ，地域（社会・資源）の持続的な発展に結び付けるという新しい社会システムづくりのビジョンである。日本エコツーリズム協会は，この考え方を図表5－2で表わしている。

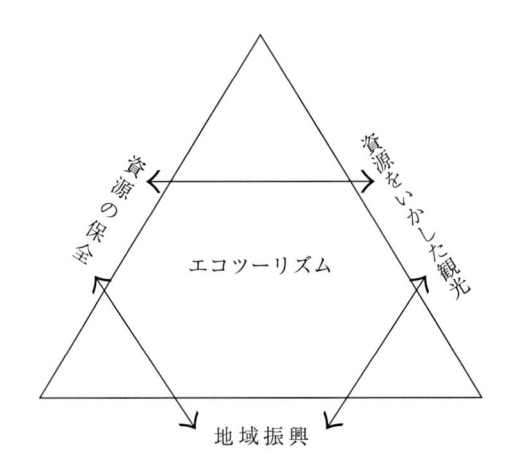

図表5－2　エコツーリズムの概念

資源の保全　／　資源をいかした観光　／　地域振興　／　エコツーリズム

出所：海津・真板（1999）。

2．エコツーリズムの発祥と歴史

（1）世界での発祥 —— 大陸型エコツーリズム

エコツーリズムの発生は1970年後半頃からといわれ，発祥地にはいくつかの説がある。よく知られているのはコスタリカと東アフリカである。これらの地域における当時の観光スタイルは，自然消費型あるいは富裕層による資源搾取型といってよいものが主流だった。コスタリカのような熱帯雨林では，周囲の植物は燃料に，動物は食糧にされることがあり，アフリカでは大型獣の毛皮やエンブレム（頭部の剥製）をもって帰ることが裕福な観光客のステータスとなっていた。これは一例だが，このようなスタイルは地域社会にとってプラスでないばかりでなく，観光資源そのものの持続性を危うくすることから，それに代わる（alternative）観光が求められていたのである。コスタリカ北部のモンテベルデ地域に1951年に移住した米国人クエーカー教徒たちが，米国の国立公園のようにガイド（インタープリターと呼ぶ）をともない，環境に傷をつけないように配慮して行う旅のスタイルを提唱し，そのような旅をエコツアー，旅人をエコツーリストと呼んだ。コスタリカには現在も，国立公園のほかに，入場料としてガイド料と環境保護資金を徴収し，ガイド付きツアーを提供する民間経営の自然保護地域がある。もう1つはケニアやタンザニア等の東アフリカである。かつては密猟が絶えなかったが，国立公園局は，野生鳥獣を絶滅の危機から救い，地域住民を違法ハンターから合法的なガイドへと生まれ変わらせようと，1980年代から政府主導で人材育成を行い，「獲る観光から観る観光へ」の転換を図ってきた。1981年に経済学者のフィリップ・スレッシャー博士は，ライオン1頭の命の値段を①毛皮，②ハンティングツアー，③獲らずに観る観光対象，の3つのケースで試算し，③が最も高いことを数値で示して住民を説得した（P. Thresher, 1981）。

1983年にカラカス（ベネズエラ）で開催された国際自然保護連合（IUCN）の世界国立公園会議はこの問題を取り上げ，観光を自然保護の敵ではなく，自然保護のための資金調達手段として政策的に取り入れる'考え方（ism）'を「エコツーリズム」と呼んで世界中の国立公園で普及を図ることを提唱した。1992

年に米国でエコツーリズム・ソサエティ（現「国際エコツーリズムソサエティ」）を設立し，各国でのエコツーリズムの普及を図っている。国連は，リオデジャネイロで開催された地球サミット（正式名「環境と開発に関する国際連合会議」）から10年後の2002年を「国際エコツーリズム年」と定め，観光機関（UNWTO）が国連環境計画（UNEP）と共催で世界エコツーリズムサミットをケベック市（カナダ）で開催した。

（2）日本での普及 —— 日本型エコツーリズムまたは里山型エコツーリズム

日本でのエコツーリズムの最初の例は，小笠原村（東京都）のホエールウォッチングとされる。小笠原村の日本への施政権返還20周年事業として，1988年に初めてホエールウォッチング事業が実施されることになった際，村は次のような手立てを講じた。

---

① ホエールウォッチングの先進地ハワイに倣い，クジラへの負の影響を最低限に抑えるために，ガイドライン（図表5-3）をつくった。
② 鯨類研究者を村へ招聘し，鯨類の生態調査を開始した。
③ 事業収益を村民に還元するため，村民の遊漁船業者にガイド教育を行うとともに，ローテーションで送客するしくみをつくった。
④ ホエールウォッチングを含むツアープログラムをつくり，ポスターを作成し，エージェントに販売を開始した。
⑤ 以上の事業を継続するため，村と商工会が事業実施のための組織「小笠原ホエールウォッチング協会」を作った。

先の三角形モデルに照らすと，①②は保全，③は地域振興，④は観光，⑤はこれら全体を統括するものといえる。これらが密接かつバランスを保つ関係にあることが，小笠原のエコツーリズムの特徴である。

1991年には環境庁（当時）が，西表国立公園において，島民が主導する観光プログラムの推進をめざして資源調査を行い，5年後の1996年には島民が

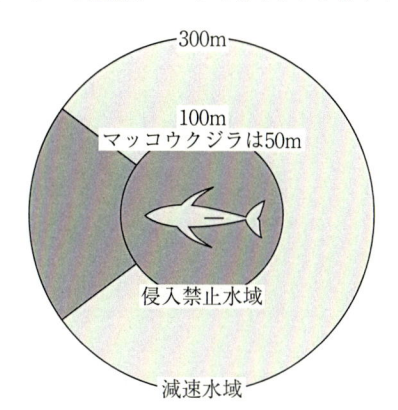

図表5－3　小笠原ホエールウォッチングガイドライン

300m
100m
マッコウクジラは50m
侵入禁止水域
減速水域

出所：小笠原ホエールウォッチング協会HP。

主体となって西表島エコツーリズム協会が立ち上がった。1993年には，世界自然遺産に登録された屋久島で日本初のエコツアーガイド会社が設立された。2011年現在，屋久島には200名を超えるガイドがいるというから，20年近くの間に急成長を遂げた産業であるといえる。

(3) 大陸型エコツーリズムと日本型エコツーリズム

　発祥地である大陸におけるエコツーリズムと日本のエコツーリズムをざっくりと比較すると，次のように表現できる。すなわち大陸の自然地には，人々の生活の痕跡がないいわゆるウィルダネスが存在するが，日本は「人ありき」の自然地がほとんどである。国土の約7割を覆う緑地のうち85％が二次的自然であり，私たちが自然と呼ぶ場所のほとんどは，人がかかわりながら維持されてきた環境なのである。農林漁業など自然とかかわる生業と人々の居住がともにある空間を里山や里海と呼ぶが，日本はまさに里山・里海の国といってよい。国立公園でも一歩足を伸ばせば人家がある[1]。

　日本は，自然保護地域であっても里山的な人的環境にあることから，自然保護地域とそれ以外との垣根は極めて低いのである。日本のエコツーリズムは，

図表5-4　大陸型エコツーリズムと日本型エコツーリズムの差異

タイプ 要件	大陸のエコツーリズム	日本のエコツーリズム
環　境	スケールの大きい自然，ウィルダネス	規模の小さい自然， 生活文化とかかわりの深い自然
体　験	野生動植物との出合い 大自然の中での活動 孤独を楽しむ体験　等	身近な動植物との出合い 生活を通した自然の追体験
体　制	専門性の高いガイド	住民ガイドから専門性の高いガイド まで多様

里山・里海などの身近な自然や，生活文化を通した自然とのふれあいを含む。体験の内容には，後述するグリーン・ツーリズムと共通点も多い。結果として里山・里海でのエコツーリズムの導入が一気に進んだ。

　海外から10年余り遅れてエコツーリズムが普及した国であるが，日本は現在，東アジアにおいてもっとも熱心にエコツーリズムに取り組んでいる国となっている。さらに国際協力機構（JICA）のプロジェクトや国際協力等を通じて，日本でのエコツーリズムの取り組みは国外にも知られるようになった。

3．国の取り組みとエコツーリズム推進法

　さらに後推しをしたのが，国の施策である。2003年，観光立国宣言を発表した小泉内閣のもとで，環境省がエコツーリズム推進会議を開催し，全国にエコツーリズムを普及するために次の5つの政策をアウトプットとして提案した。

① エコツーリズム憲章－エコツーリズムとは何かを表す文章
② エコツーリズム推進マニュアル－自治体がエコツーリズムを推進する際に参考とするためのマニュアル
③ エコツーリズム大賞－主として地域の取り組みを対象に大賞・優秀賞・賞を選定・表彰する制度
④ エコツーリズム総覧－エコツアー情報を提供するWebサイト（日本語・英

語）（http://ecotourism.jp/）
⑤ エコツーリズムモデル事業―エコツーリズムを推進したい地域・自治体を選定し3年間（2004～2006）の支援を実施

　これらのうち，⑤エコツーリズムモデル事業は，全国にエコツーリズムの推進モデルとなる地域の実像を示すきっかけとなった。環境省は，モデル地区選定に当たり，「類型1：自然の豊かな地域」「類型2：既存の観光地」「類型3：里地里山などの身近な自然地」の3つの類型を候補地にあてはめて選定の基準とし，最終的に12地域が選ばれた（図表5－6の*参照）。
　これらの成果を踏まえ，2007年には世界初の「エコツーリズム推進法」が超党派の議員立法で成立し，2008年4月から施行が開始された。同法は，エコツーリズムを推進しようとする地域が，推進協議会を立ち上げ，基本構想を作成して主管4省庁（環境省・農水省・文科省・観光庁）に提出し，審査を受けて認定を受ければ，構想書が法的性格をもつようになるというものである。2009年に埼玉県飯能市が第1号認定を取得し，2011年秋現在，複数の自治体が準備を進めている。埼玉県飯能市は，市民総ガイドを目指し，市民向け講座を繰り返しながらエコツアープログラムづくりを市主導で進めている。

4．エコツーリズムの要諦

　地域におけるエコツーリズムの開発にはどのような条件およびプロセスが必要となるだろうか。環境保全と地域振興を主眼とする着地型観光の開発プロセスととらえ，基本計画 → 実践 → フォローアップに分けて整理すると，図表5－5のような工程となる。このプロセスは上から下への一方向ではなく，どこから着手してもよい。
　表中にあるように，「エコツアー」はエコツーリズムの推進における1つの項目である。エコツアーとは，エコツーリズムの理念を形にしたツアー商品であるためだ。エコツアー＝エコツーリズムということではない。

図表5－5　エコツーリズムの開発プロセス

段階	内容	事項
導入検討・計画段階	推進の枠組みづくり	エコツーリズムについての理解 基本コンセプトづくり 推進体制づくり　等
導入検討・計画段階	計画づくり	資源調査・研究（宝探し→10章） 人材育成 ルール, ガイドラインづくり　等
実施段階	商品開発	エコツアー商品開発 エコツアーガイド育成 マーケティング（ニーズ調査） プロモーション（広報） 利益分配の実施　　　等
フォローアップ	持続可能性の担保	顧客満足度調査 環境影響モニタリング 環境認証など推奨制度 情報共有　　　等

出所：海津・真板（1999），環境省（2004）などを基に著者作成。

5．事　例

　2011年現在，国内各地でエコツーリズム推進のための組織づくりを進めている地域は数多く，環境省のアンケート調査では約4割（回答数301のうち）の自治体が何らかの形で取り組んでいる。図表5－6にあげた環境省モデル地域のほか，数例を加えて紹介する。

第 5 章　エコツーリズムとグリーン・ツーリズム　77

図表 5 − 6　3 つの類型とエコツーリズム実践地域例

類型	定義	抱える課題	地　域	主な活動	備　考
1	自然豊かな地域	環境保全と観光の両立	知　床*	トレッキング，登山，流氷ウォーク　等	WNH，NP
			白神山地*	トレッキング，マタギ文化　等	WNH，NP
			屋久島*	トレッキング，登山，里のツアー，シーカヤック，ダイビング　等	WNH，NP
			小笠原*	ホエールウォッチング，無人島探検，ドルフィンスイミング，戦跡ツアー，文化体験　等	WNH，NP
			西表島	トレッキング，リバーカヤック，スノーケリング，ダイビング，文化体験，手仕事　等	NP
2	大型観光地	マスツーリズムのエコ化	裏磐梯*	トレッキング，シャワーウォーク，自然観察，生活文化体験　等	NP
			富士山北麓*	登山，山麓トレッキング　等	NP
			六甲・麻耶*	六甲山登山，ハイキング　等	NP
			佐世保*	無人島探検，カヤック　等	NP
			軽井沢	バードウォッチング，自然観察，カモシカウォッチング，熊対策　等	
3	里地里山	地域住民の参加のしくみづくり	田尻（宮城県）*	バードウォッチング（カモ），有機米	Ra
			飯能市（埼玉県）*	生活文化体験，自然観察，軽登山，農業体験　等	
			飯田市*（長野県）	生活文化体験，集落滞在体験，街道ウォーク　等	
			熊野古道*（三重・和歌山）	トレッキング，熊野人によるガイドツアー	WCH
			鳥羽市（三重県）	漁業体験，無人島探検，生活文化体験，まちなか探検　等	NP

凡例：＊＝観光省モデル地区，WNH＝世界自然遺産地域，WCH＝世界文化遺産地域，
　　　NP＝国立公園，Ra＝ラムサール条約指定湿地。

第4節　グリーン・ツーリズム

1．グリーン・ツーリズムとは何か

(1) グリーン・ツーリズムの発祥地はヨーロッパ

　グリーン・ツーリズムは農村観光、農業観光のことであり、ヨーロッパが発祥地である。都市化の陰で過疎化する農村の振興対策や農村景観の保全などを目的として、1970年代以降、ドイツやフランスなどで政府主導で導入された観光戦略が、その起源である。増加した余暇時間を農村でのんびり安価に過ごすという都市住民への新しいライフスタイルの提案として、年次有給長期休暇制度を取り入れた国々から徐々に普及が進んだ。呼称は様々あり、国によって、ルーラルツーリズム、アグリツーリズム、ツーリズム・ベール（Tourism Vert）、ツーリズモ・ベルデ（Turismo Verde）等と呼ばれている。

　とくに1936年に世界に先駆けて長期休暇法、通称「バカンス法」を制定したフランスでは、労働者階級であっても14日間の有給休暇が確保されている。そのため早期から農山漁村で長期休暇を過ごす市民が増えた。英国では1970年代から有名観光地よりも農山漁村やナショナル・トラストなどでの観光を楽しむスタイルが好まれるようになり、グリーン・ツーリズムが普及した。ドイツは古くより「農村で休暇を」事業が進められ、景観美化運動コンクール（「わが村は美しく」）が1961年から継続して行われており、グリーン・ツーリズムの伝統国である（安島，2009）。

　これらの国々の共通点は、農家民宿の整備が政府により奨励されていること、都市住民のあいだに農山漁村のライフスタイルへの憧れがあることである。食糧生産地に近いところで長期滞在し、景観を愛で、土地の人々との交流を楽しむしぜんな交流が実現している。たとえば、オーストリアのグラーツ市郊外ではGenus Region（美しき地域）と称し、各地区の名産・特産を積極的に売り出すために、生産農家を訪ね歩きながら、そこで開店している地産地消型レストランで飲食ができるような仕組みをつくっている。広大に広がるワイン畑を眺

めながらゆったりとした午後を過ごすこともできる。

(2) 日本のグリーン・ツーリズムとグリーン・ツーリズム法
　日本のグリーン・ツーリズムは，ヨーロッパの先進例に学び，観光農園における収穫体験，農作業体験等による地域振興の一環として実施されている。普及のきっかけとなったのは，農林水産省が，山村地域活性化のために，農家が副業的に農業体験を提供する交流事業を奨励したことにはじまる（1992年）。1995年には「農山漁村滞在型余暇活動促進法」（通称：グリーン・ツーリズム法）が成立し，観光客を国外や既存観光地ではなく農山漁村に向かわせ，観光業と農林漁業との連携によって消費を促すことにより，地域振興に直接結びつけようという政策が具体化した。同法では農村（山村・漁村）滞在型余暇活動を「主として都市の住民が余暇を利用して農村（山村又は漁村）に滞在しつつ行う農作業（森林施業又は漁ろう）の体験その他農業（林業又は漁業）に対する理解を深めるための活動」と定義している。
　同法は，地域が主体となって行うグリーン・ツーリズムの支援を目的としており，滞在と体験の双方に主眼を置き，体験施設や宿泊施設の整備に関する規制緩和などに関する措置が盛り込まれている。しかし現実には，日本では農家民宿などは運営が難しいとされている。その理由として，①農家民宿を営むには家屋の構造上の制約が大きい，②接客に不慣れな家族での宿の経営には困難がある，③ヨーロッパのような長期休暇の取得は日本人には困難，④滞在する農村地域の減少，などがあげられている（村上，1998）。

2．グリーン・ツーリズムと地域活性化
　近年の農山漁村の人口減少，高齢化による農作業維持の困難，食の安全性の重視，地産地消の推進など副次的な要因によって，里地・里山・里海の課題に注目が集まるようになった。総務省は，2002年9月から2003年3月までプロジェクトチームを設け，都市と農山漁村の共生・対流の推進に取り組んだ。その成果が「オーライ！ニッポン」運動である。これは，①各種活動主体の取り

組みを活発化し，②都市と農山漁村を双方で行き交う新しいライフスタイルの国民への普及・啓発に取り組むことを目的としており，推進団体として，2003年6月23日に「都市と農山漁村の共生・対流推進会議（通称：オーライ！ニッポン会議）」が発足した。

　2008年度からは，総務省・文部科学省・農林水産省の連携事業として，全国2万3千校の小学校1学年（5年生）の子どもたちが農山漁村での1週間程度の宿泊体験活動に参加することを促す「子ども農山漁村交流プロジェクト－120万人・自然の中での体験活動の推進－」が実施されている。

3．グリーン・ツーリズムの事例

　古より半農半漁の地域が多い島国・日本では，漁業にかかわる生業体験のツアー化に取り組む地域も少なくなく，農業だけでなくこれらも含めてグリーン・ツーリズムと呼んでいる。代表例として，上述の「オーライ！ニッポン大賞」でグランプリを取得した3地域を同賞の記事をもとに紹介する。

① 高知県四万十川流域

　高知県南西部の四万十川流域は，日本最後の清流とも呼ばれる一方で有数の僻地であり，人口減少が続いている。最下流域にあたる幡多地域（四万十市・土佐清水市・宿毛市・佐賀町・大方町・大月町・三原村・旧西土佐村）は，1995年から，流域一帯の活性化を図るため，環境体験型教育旅行の受け入れ組織として幡多広域観光協議会を設立し，各地域の体験型観光の受け入れ窓口として機能している。2007年現在，100を超える自然環境を生かした活動や農林水産業体験などのプログラムを提供しており，子どもたちを受け入れる家庭は100軒を超えた。事業をきっかけに農業や漁業民宿の開業にこぎつけたケースもあり，2007年度の直接経済効果は5,000万円を超えた。同協議会は各市町村の体験型観光研究会とネットワークを結び，安全で質の高いプログラムの提供，情報共有，講習会開催，アドバイスなどを行い，メニューや人材発掘に取り組んでいる。

② 長崎県小値賀町
　小値賀町は長崎県北西部五島列島に属する小値賀島・野崎島の2島からなる。野崎島はすでに無人島となり、小値賀島も急激な過疎化に喘いでいる。2005年に島に移り住んだ若者を中心に「ながさき・島の自然学校」と「小値賀町アイランドツーリズム推進協議会」が活動を開始し、2007年にNPO法人おぢかアイランドツーリズム協会を設立。主として島の自然と生活文化体験を軸とする島の旅のコーディネート機関としての役割を務めるようになった。アメリカの青少年教育団体を通して高校生180名を3泊4日の島旅に招いたり、県内外の学校と結んで自然体験や農漁業体験などを盛り込んだプログラムをつくって受け入れを行うなど、小値賀のコンシェルジュ機能としての役割を果たしている。すでに人口約3,000人の島民のうち、のべ2,000人がプログラムにかかわり、初年度6,000万円の収入（6,000泊）、翌年は1億円（8,000泊）の実績を上げ、常勤スタッフも9名を擁するようになったという。行政による運営補助を受けず、事業収入で雇用するなど独立した経営を成立させている。町の委託で運営する宿泊施設「野崎島自然学塾村」の売上の一部を環境保全基金として町に寄付するなど、経済的な循環も生み出している。島全体が一体となって滞在型観光を推進し、小値賀島の活性化に大きく貢献している。

③ 長野県飯田市
　長野県飯田市は、市内各地区の個性や生業を活かし、ほんものの体験を提供することをコンセプトとしていち早く体験型観光のプログラム開発と域外へのプログラム提供をはじめた自治体である。2001年には長野県や周辺の町村などの出資により、長野県飯田市で地域の特性を活かした、約160のエコツアープログラムを取り扱う旅行代理店（同社HP）として第三セクター「株式会社南信州観光公社」を立ち上げ、第三種旅行業として活動を開始した（免許上は第二種も取得）。受け入れ実績は以下の通りである。

図表5－7　南信州観光公社体験観光の受け入れ状況

西暦（年）	1996	1997	1998	1999	2000	2001	2002	2003	2004	2005	2006
団体数	8	18	28	48	85	146	195	218	239	309	305
（うち学校数）	3	16	22	38	71	84	107	101	109	109	105
受入人数（人）	1,000	2,300	5,000	6,000	8,000	10,200	17,000	18,500	20,500	23,000	22,000
体験プログラム利用延べ人数	—	—	—	—	12,000	23,000	35,000	4,000	49,500	52,500	51,000

出所：ツーリズムマーケティング研究所（2009）。

　飯田市では，エコツーリズム，グリーン・ツーリズムという垣根にとらわれず，アウトドア・アクティビティ，味覚・食体験，農林業体験，伝統工芸・クラフト創造，環境教育・自然観察などいくつものカテゴリーでプログラムを提供している。農業体験では，生徒が数名ずつに分かれて宿泊した農家の日常の農作業に加わる形をとり，あくまでほんもの体験にこだわっている。「ワーキングホリデー」事業にも取り組み，地域で活躍するインストラクターが多数育ち，体験受け入れ農家数も増え，住民や高齢者にとっては生きがいに繋がる活動となっている。同公社の活動は，着地型観光を推進する際に必要となる中間組織のモデルとなっている。

第5節　おわりに —— エコツーリズム，グリーン・ツーリズムの課題と展望

1．課題

（1）エコツーリズム，グリーン・ツーリズムの垣根を取り払う

　エコツーリズムもグリーン・ツーリズムも，日本は海外から輸入する形で，その概念が普及した。しかし，これまで述べてきたことからわかるように，日本のように人口密度が高く，海・里・山が接近し，自然や季節感と密接なかかわりのある生活文化を築いてきた島国では，自然・文化・生業・観光は不可分であると考えたほうがよい。また，2007年に成立した観光立国推進基本法に

基づく観光立国推進基本計画では，これらのツーリズムは，他のヘルスツーリズムやスポーツツーリズムなどとともに「ニューツーリズム」と名づけられたジャンルの1つとしてとらえられている。だが，これらはそのような対象別ツーリズムの「型」の1つに押し込められるようなものではない。むしろ，今後，地域活性化と交流（観光），資源の持続を一体のものとしてとらえ，推進していくためには，「ツーリズム」に冠するキーワードの垣根を取り払い，地域に軸足を置いて考えていくことが必須である。対象となる観光者も，エコツーリズムやグリーン・ツーリズムは決して遠隔地に商圏を求めるものではなく，むしろ地域住民や近隣住民などが対象であってよく，物見遊山より学びやつながりづくりという性格が濃い。観光が観光ビジネスや観光者のものだった時代から地域のものへと変わるというパラダイム転換の象徴ととらえるべきである。

（2）地域プロデュース人材の育成ニーズ

このような新しい観光の潮流を地域づくりに結びつけていくためには，経営的視点や社会システムとしてこれをとらえ，プロデュースしていく地域プロデューサー人材の確保や育成が急務である。プロデュースの対象は，マーケティングや販売だけでなく，新しい資源の掘り起こしやおもてなし人材の育成等多岐にわたる。エコツーリズムの推進において必須と考えられているのは図表5-8にあげた5つの主体である。プロデューサーは，こ

図表5-8　エコツーリズム推進のための5つの主体

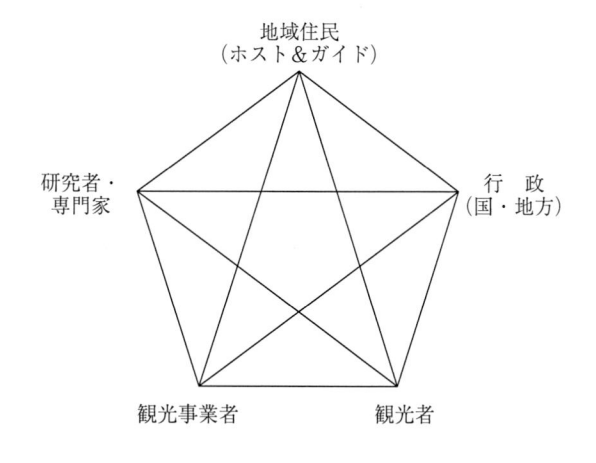

出所：海津・真板，前掲書。

れらの主体を連携させ，域外との橋渡しをする役割である。

2．これからの里山地域における展望

着地型観光の推進という観点から，旅行業界における里山地域へのまなざしは熱い。里山はすでに多くの自然や生活文化，農漁業をはじめとする個性ある生業，さらに庶民の宗教や歴史的エピソード，文化財など，多種多様な資源に恵まれており，体験型プログラムのポテンシャルは高く，発信できるメッセージも多い。また，2010年秋に愛知県で開催された生物多様性条約第10回締約国会議（COP10）で提唱された「里山イニシアティブ」が掲げているように，里山のワイズユースのひとつとして，エコツーリズムやグリーン・ツーリズムの重要性の認識が世界的に高まっている。日本の里山は，自然，文化，生業などの体験プログラムを創造し，発信の母体となる体制づくりを進めることにより，すぐれた着地型観光の場となる可能性は十分にある。地域の人々がその必要性を認識するか否かが，推進の可否のカギを握っている。

【注】

（1）これは，日本の国立公園が「地域制国立公園」と呼ばれる方式をとっているためである。民有地・公有地・国有地を問わず，公園区域の網をかける方法である。

第6章
アート・文化とツーリズム

第1節　はじめに

　人は旅に出る時，何を期待しているのだろう。胸の高鳴りを感じながら，見知らぬ地へ赴き，美しい景色と自然にため息をついて，郷土料理に舌鼓を打ち，温泉にゆっくりつかって日頃の疲れを癒す。旅には日頃の生活空間では体験できないことがたくさん散りばめられている。

　現在の日本には年間数千万人の規模の旅行客がいる。国土交通省観光庁の統計によれば，平成18年度の日本人海外旅行者数だけでも1,753万人に及ぶ。この数値に国内旅行者数を加えると，その数は莫大なものとなり，推測で約3,000万人規模といわれている。このように，旅は私たちにとり大変に身近なものであり，多くの人が年に何回かは体験するものとなっている。

　旅の準備をする際に，まず検討するのはその行き先だろう。人々はどの土地に行くかをまずは考え，そこに何があって，何ができるかを調べるだろう。たとえば，東京から鎌倉に観光に行く場合，JR横須賀線に乗って鎌倉駅まで行き，鎌倉八幡宮をみて，江ノ電に乗り，長谷駅から歩いて大仏をみる，といったプランを考える。旅行者の心理としては，せっかく鎌倉に行くのだから，「鎌倉といえば大仏」など有名な場所にとりあえずは行っておきたいと思うものだろう。

　鎌倉の大仏のような典型的な観光先となっている歴史・文化遺産以外にも，近年，人々はその土地でしかみられないアート作品や文化施設を訪れることを

目的に旅するようになってきた。山口（2010）は旅とアート鑑賞の関係について，「人は新しい何かを求めて，あるいは自分を見つめ直すために，自分を再発見するために旅に出る。これは，アートを鑑賞する心得と似ている」と述べている。旅とアートや文化を鑑賞することの間には，山口（2010）がいうような自己を改めてみつめたり，時には自分探しになると同時に，日常から離れた体験を通して新しい刺激を受け，知的好奇心が満たされるという共通点があるといえよう。

　これはアート鑑賞に限定されたものではなく，博物館をはじめとする文化施設における人々の体験とも共通している。日常生活とは異なる雰囲気の中で，今までにみたことのないものとの出会いは強く印象に残ることもあるだろう。たとえば，2010年7月から9月に東京上野の国立科学博物館が開催された「大哺乳類展－海のなかまたち」では，地球上で一番大きな生き物であるシロナガスクジラの全身複製骨格標本（全長約25メートル）が天井いっぱいに吊るされていた。それをみた人々はその大きさに圧倒され，これほどまでに大きな生き物が我々人間と同じ哺乳類であることに驚いていた。このような新しい出会いと感動を呼び起こす博物館等の文化施設は，かねてから修学旅行の訪問先の定番であり，最近は一般の観光ツアーにも組み込まれてきている。

　それでは海外ツアー旅行の場合はどうだろうか。2011年8月上旬に掲載されたとある旅行会社の「アジア・中国旅行」の新聞広告をみてみよう。すると，台北のツアーには必ず故宮博物院の見学が90分から120分組み込まれており，上海のツアーには上海博物館，紹興では魯迅記念館を訪れるようになっている。民芸品や免税店以外の訪問先には各地の寺院や世界遺産に登録されている史跡，自然遺産などを訪ねるツアーが多い。このように海外ツアーにもミュージアムをはじめとするアート・文化施設が数多く組み込まれているのである。

　アートを展示する美術館や博物館をはじめとする文化施設は，かつては「（美術や学術研究を）わかる人，関心がある人だけが来てくれれば十分」といったスタンスでいた。しかし，近年，社会教育機関として学校や地域の市民と連携していく動きが強まるとともに，その土地の観光振興への参画が求められる

ようになってきた。時には石川県金沢市の金沢21世紀美術館のような，観光の牽引役を担う館まで出現している。もはや館の壁に閉じこもってしまうような文化施設は，時代のニーズに応えられない。ゆえに，地域や市民そして観光振興のためにその壁を取り払っていくことがより一層求められているのだ。

　本章では，アートや文化が近年，ツーリズムおよび地域おこしとの間でどのような関わりが見られるのか，瀬戸内と北陸の事例を紹介する。また今後どのような展開が望まれるのかについて検証していきたい。

第2節　ツーリズムにおけるアート&文化

　人とは不思議なもので，観光地に赴くとそこの有名な場所を訪れたくなるものだ。世界遺産に認定された場所などが人気を集めるのはその典型であろう。ここでしかみられない貴重なものをみたいという気持ちは観光客なら誰もが抱く想いである。これまでも物見遊山先として，著名な博物館や美術館などの文化施設が多くの観光客によって観光先に選ばれてきた。いい換えれば，以前からアートや文化は観光先の目的や楽しみとして存在してきたのである。具体例をあげれば，ニューヨークではメトロポリタン美術館や映画の舞台にもなったアメリカ自然史博物館，ロンドンでは大英博物館やテート・ギャラリー，パリではルーブル美術館，マドリッドではプラダ美術館，台北では故宮博物院といった世界的に有名なミュージアムが世界各地に存在する。これらの施設には，普段，地元の博物館等に足を運ぶことがめったにない人々でも，旅行先では（時にはツアーに組み込まれているから）これらの施設を見学することが多い。これは興味深い現象で，多くの人々に共通する志向であり，そのようなニーズがあるからこそ，旅行社もツアーのなかに文化施設の見学を組むのであろう。行くことに価値がある，みたことに意義があると思ってミュージアム等を見学することはこれまでにも行われてきたことである。

　物見遊山的なアート・文化体験とツーリズムのかかわりに問題がなかったわけではない。一般的にミュージアム等はその年間入場者数で経営状況を判断さ

れてしまうことが多い。そのため，とりあえずは入場者数を稼ぎたいという想いをもっている館は少なくない。この想いに応えてきたのが団体ツアー客の来館である。パッケージ型ツアーでは，見学コースの一部に有名あるいは話題性のあるミュージアムが組み込まれており，大型バスが何台も横づけされ，休憩がてら美術館等に立ち寄るというパターンは数多くみられる。館にとっては，旅行会社に売り込むだけで，一定数の来館者を確保できて好都合である。また旅行社側にとっては，数時間過ごせる，天候に左右されない，安全でトイレ・駐車場などの設備の整った便利な立ち寄り先である。このように両者の思惑が一致するため，観光ツアーにミュージアム等の見学が組み込まれてきた側面がある。

　しかし，ここには重大な見落としがある。山本（2003）が指摘するように，これまでのツアーは観光客をミュージアムまで連れていくことはしてきたが，そこで展示やアート作品等と向き合った人々が，見学者・鑑賞者としてどのような時間を過ごし，何を体験しているのかについては，旅行社側もミュージアム側も考えてこなかったのである。山本は観光客を美術作品の前に連れていくだけでは，本来の鑑賞にまで至らないことを次のように指摘している。

　「（略）現実に生きている人間の意識は連続している。その連続した意識のなかで，別の意識をもって何かに向き合うためには，対象がなんであれ，それなりの手順を自覚し訓練しなければならない。人は美術作品の前に立った瞬間に純粋な鑑賞者になれるというものではない。ましてやそれが遠く見知らぬ土地を旅する観光者ならなおさらである。したがってアート・ツーリズムでは，観光者と鑑賞者を別々の問題とするのではなく，観光者が観光行動の中で意識的に鑑賞者になるためにはどのような手順と方法が必要であるのか，このことを第一の課題としなければならない（2003, p198）。」

　山本が指摘している課題は，実はアート・ツーリズムだけの問題ではなく，ミュージアムを中心とする文化施設の利用に際して共通するものである。つまり，人をミュージアムや自然遺産といった非日常的な場所に連れていくだけでは，そこで期待される喜びや学び，知的好奇心を刺激されるような体験には結

びつきにくいということである。これは近年，博物館・美術館教育学でも指摘されており，たとえば学校団体がミュージアムを利用する場合であれば，教室で行う事前・事後学習がミュージアム体験そのものの質を高めることが明らかになってきている。学校と同じ対応を観光客対象に取ることは難しいが，旅行社側そして館側も何かしらの方策を取る必要はあるだろう。単に「行っただけ」の体験としないために，旅行社側は何ができるのか，館側には何ができるのかが問われているのである。

　このような問題を念頭におきつつ，本章で取り上げたいのは，従来とは異なるツーリズムにおけるアートと文化のかかわりである。旅行社は館の入り口まで観光者を送り届けるのが仕事で，館側はそれを受け入れ，展示をひたすらみてもらうだけの単なる物見遊山的な見学ではない新しいアート・文化と観光の関わりが各地で生まれているのである。そこでは，アーティストと地域の人々を巻き込み，その土地の魅力を最大限にアピールする形でアート作品として発表される。そして国内外から多くの人々に足を運んでもらい，作品群そして地域の人々と観光客が自然なかたちで交流していくような試みが各地で行われている（越後妻有アートトリエンナーレ，瀬戸内国際芸術祭等）。さらには，もとから美術に関心のある人ばかりでなく，ふらっと気軽に美術鑑賞の体験をしてもらいたい，観光目的でその土地を訪れた人にも美術館に足を運んでもらうための新しい試みがある。その事例として，第3節では瀬戸内地方の30館以上の美術館が民間企業によるサポートのもと展開している「せとうち美術館ネットワーク」を紹介したい。

　さらには，アート以外の動きにも目を向けてみたい。ミュージアムの定義の中には動物園や水族館などの施設も含まれている。たとえばポピュラーな観光先として定着した北海道旭川市の旭山動物園が有名である。ここは観光客のニーズの応えゆえに有名になったのではなく，動物園本来の役割である動物の生態を多くの人々に見せて理解を深めてもらうことを「行動展示」の導入で実現し，それが高く評価されたことで成功した事例である（旭山動物園については井上（2010）にて取り上げているのでそちらをご覧いただきたい）。

旭山動物園は旭川市が運営する公立動物園である。この他にも日本の地方自治体のなかには，管轄するミュージアムを主要な観光先として位置づけ，その地域の知名度とブランド力を高め，観光客を誘致して経済振興を促す試みがみられる。第4節では，福井県勝山市にあり，世界三大恐竜博物館の1つである福井県立恐竜博物館とそれを管轄する福井県観光振興課の関係を取り上げてみたい。

第3節　アートと観光：アートが街をつなぎ，人を動かす
── 瀬戸内地方の試み

　瀬戸内地方の各県には公立・私立の多種多様なミュージアムが存在する。平山郁夫，猪熊弦一郎といった芸術家を輩出した地域であり，現代アートシーンで世界的に有名になった香川県直島のベネッセ・ミュージアムをはじめ，日本最古の西洋美術を中心とした私立美術館である岡山県の大原美術館など，非常に多彩な文化施設が揃っている。こうした館同士をつなぎ，人々がそれぞれを気軽に行き来できるよう，美術館のネットワークづくりが民間企業によって旗揚げされ，成果を生んでいる。これは「せとうち美術館ネットワーク」という事業で，2008年10月より本州四国連絡高速道路株式会社（以下，JB本四高速と略す）が音頭を取り，美術科教育研究者などの協力を得ながら運営されている。

　日本の美術館をはじめとする各ミュージアムは横のつながりが非常に弱い。日常的には特別展のポスターやチラシを広報目的で互いに送付し合うくらいの関係で，新規イベントに関する情報やマネジメントのノウハウなどを共有する姿勢がほとんどみられないのが現状である。近年，有志の手により職員や学芸員同士が情報を交換できるような研究会などが開催されるようになってきたが，それもまだ小規模であり，参加者数も限られている。そのようななか，瀬戸内地方では民間企業がスポンサーとなり，美術館同士をつなぎ，来館者の往来を促す事業がはじめられたのである。ネットワークを主催するJB本四高速

は本事業の開催にあたり，次のように述べている。

せとうち美術館ネットワークとは：

JB本四高速は，文化芸術など多様な観点から沿線地域のネットワーク化を支援します。

瀬戸内海地域に美術館や博物館が数多く存しています。当社は道路のネットワーク機能を更に発展させ，これらの文化，芸術施設を相互にネットワークし，地域全体としての文化芸術面の魅力の発信を支援します[1]。

この事業の特徴として興味深いのは，主催団体が営利企業であり，高速道路管理運営会社という点である。会社側はより多くの人々に車で高速道路を使って移動して欲しいと考え，そのためには行く先に魅力的な目的が必要となり，そこに美術館が登場し活躍してもらうという発想があっただろう。つまり自社にとってもメリットがあり，美術館にとってもJB本四高速が発行する定期刊行物等（サービスエリアなどで配布される無料マガジン，パンフレット，ポスターなど）に館の情報が掲載され，宣伝効果が得られることが大きなメリットであろう。さらには，ネットワーク事務局が発行する共通割引券を使い，スタンプラリーのスタンプを集めるといった目的で隣接する館に来た入場者がそのままやってくるという相乗効果が生まれるという利点もある。類似した事例として，首都圏の「ぐるっとパス」などの試みもあるが，この場合，公益財団法人東京都歴史文化財団内にある東京・ミュージアムぐるっとパス事務局が運営にあたっており，企業が直接関わっているわけではない。せとうちの例のように，民間企業がかかわることによって企業メセナ活動の一環として運営され，予算も美術館側が負担することなく新しい試みが実現されているという日本ではまだ珍しい事例といえよう。

せとうち美術館ネットワークには合計で39館（2011年10月現在）の美術館が参加しており，その地域は兵庫県，岡山県，広島県，徳島県，香川県，愛媛県，高知県にまたがっている。都道府県の枠を超え，公立館と私立館の両方が参加しているというのも特徴的である。本ネットワークの主な事業としては，次の通りである。

> - 共通割引券の発行
> - スタンプラリーの開催（スタンプの数によりプレゼント贈呈）
> - 子どものアート感想文（感想文を小中学生から募り，ウェブにコメントと共に掲載）
> - 私の美術館体験記（広く一般から体験記を募集しウェブに掲載）
> - せとうち美術館紀行（インタビュー形式で参加館を紹介していく記事）など

　いずれの事業も美術館への敷居を低くし，人々の美術鑑賞体験を広く共有し，その楽しさや新鮮さ，面白さをより多くの人々に知ってもらうことを意図している。美術鑑賞がもともと好きな人々のみならず，たまたま家族でドライブに出かけた人がサービスエリアでこの事業に気づき，気軽に美術館に立ち寄ってもらうことも想定してアピールしている。具体例をあげると，スタンプラリーでは複数の美術館に行きスタンプを集めると参加館のミュージアムグッズをプレゼントされるというもので，グッズを通してさらに美術館への親しみを高める効果もある。単なる市販グッズのプレゼントではなく，各館の趣向が反映されたミュージアムグッズをもらえるという特典は，次なる訪問先の美術館探しにも役立つものであろう。

　最後にせとうち美術館ネットワークの注目すべき点を3つにまとめたい。第一に民間企業がバックアップしている点である。厳しい不況のなか，予算の限られた美術館側が新規事業を興すことは難しいが，民間企業のサポートのおかげで新しい展開が可能となっている点である。このネットワークを継続的な事業としていくためには企業のサポートが打ち切られた後にどうやって運営していくのかを検討する必要があるだろう。第二に公立館と私立館そして自治体の枠をまたがって美術館が参加・協力している点である。同じ県内であっても隣の館の様子がなかなか情報共有されていない現状を踏まえると，自治体枠や運営形態を超えて情報を共有しネットワークを結ぶことで，互いをライバル視するよりはむしろ，来館者を協力して呼び込む仲間として団結していくことが促されるのではないだろうか。第三に本事業が美術館への新しい客層，すなわち

家族連れを含めた一般の観光客をターゲットにしている点である。幼稚園や小中学校との連携は教育委員会等を通して各美術館でかなり進められているが，観光客を呼び込むことについては，なかなか手が回らない。旅行社がツアーのなかに組み込んでいる例もあるが，それはごく一部の有名な館だけであり珍しいケースである。社会教育施設あるいは研究機関としての色が強い美術館ほど，来館者数の伸び悩みに対して，どのようにすれば地域の人々のみならず，観光客にも足を運んでもらい満足のいく鑑賞体験をしてもらうための方策が取れないことがある。この原因の1つに日本にはミュージアム・マネジメントに長けた専門家（外部コンサルタント等）がほとんどおらず，運営をサポートする外郭団体等もほとんどない点があげられる。この問題の解決には長期的な対応策が必要となるだろう。しかしながら，せとうち美術館ネットワークの場合，館はまず参加することからはじめて，他館の成功事例などから学び，自館のマネジメント戦略を練っていくことが可能になる。これは美術館にとって大きなメリットであろう。何度もリピーターとして訪れることが可能な地元の人々への対応と，一回しか訪れない観光客への対応とではやり方を変えた方が充実した鑑賞体験が実現するかもしれない。そのようなノウハウを生み出し共有していくことも，ネットワークを通じて実現できるのではないだろうか。

　せとうち美術館ネットワークはまだはじまって3年である。ツーリズムにおけるアート・美術館の役割について考えていく事例として今後の展開を見守っていきたい。

第4節　文化と観光：恐竜博物館を街のメッカに
── 福井県の試み

　日本全国には約5,700館もの博物館や美術館等のミュージアムが存在している。運営形態別に見れば，国公立館と私立館の大きく分けて2種類ある。そのなかでも1970年代以降に急速に増えたのが，地方自治体が運営する公立館である。戦後，まだ博物館等が大都市にしかなく珍しい存在であったころ，地方

自治体にとり博物館等の文化施設を設置することは地域の文化振興の要として捉えられ，1970年代の高度経済成長を経て，財政的にゆとりのあった時期には国からの助成金制度も奏功し，多くの自治体が博物館等を設置した。この動きは1980年代にも引き継がれ，河島（2001）によれば，「80年代には地方自治体の文化行政も活発化し，それまでの担当部署である教育委員会に加えて，首長部局に文化課がおかれ，文化施設建設が増加するとともに，『文化によるまちづくり』が課題となる」と指摘している。さらに1980年代後半から90年代にかけては，バブル経済の時期であったこともり，企業によるメセナ活動が盛んになり，その流れで企業博物館の開館も相次いだ。

バブル経済崩壊後，日本の博物館をはじめとする文化施設の増設のペースは落ちるが，それでもなお現在（2011年）までわずかながら毎年新設されている。そのなかでも，2000年以降に設置された文化施設の中には観光を強く意識したマネジメントが展開され，成功している事例がいくつか見受けられる。

たとえば，神奈川県藤沢市にある「新江の島水族館」は，2004年4月に49年間の長い歴史をもった江の島水族館の学術基盤・知的資産を継承しつつ，エデュケーション（education, 教育）とエンターテイメント（entertainment, 娯楽）を組み合わせたエデュテインメント施設としてリニューアルオープンしている[2]。ここは相模湾の生態を再現する展示と長年のクラゲ研究の成果をみせる展示以外にも，各種ショーや体験プログラムを充実させている。夏休みには外部機関と共催でワークシートを使いながら展示を回るプログラムをはじめとする多種多様な催物やワークショップを開催したり，館内に宿泊するイベントを開いたりするなどの工夫を凝らしている。7年目を迎える2011年5月には入場者数1,000万人を達成しており，江の島にくる家族連れやカップルの観光客が立ち寄るスポットとして定着するとともに，リピーターも多く獲得しているミュージアムの1つである。

本節では，地方自治体である県が博物館と密接にかかわり合い，学術研究機関としてのみならず地域観光の振興の牽引役をも担っている福井県立恐竜博物館の事例を詳しくみていきたい。2000年7月に新しくオープンしたこの博物

館はカナダと中国にある恐竜博物館と並んで世界三大恐竜博物館の1つである。建物と展示の規模も大きく国内最大級とされ、骨格標本をはじめとする恐竜関連の資料ならびに古生物学・地質学に関連する資料を約4万1千点と豊富に所蔵している。この博物館のある福井県勝山市は福井県東部に位置し、岐阜県との県境にあり、日本の恐竜化石の一大産地である。1989年より勝山市北谷で発掘されてきた化石の研究と保存、そして多くの人々に発掘物とその研究成果を見てもらうための施設が必要となり、この博物館が設立された。この博物館が設置された目的は以下の通りである（下線部は筆者による）。

　福井県立恐竜博物館　設置の目的
　　本県の有する恐竜資源を学術研究をはじめ、生涯学習、地域振興、イメージアップ等に活用し、国内外にアピールするため、我が国恐竜研究の拠点となり、大人から子供まで幅広い人々のロマンをかき立てる福井県立恐竜博物館を建設しました。
１．恐竜化石研究の拠点
　　恐竜を中心とした古生物やその背景となる地球の歴史を対象にし、国際的な視点に立った恐竜化石研究の拠点となる施設とします。
２．恐竜化石情報センター
　　展示等を通じ研究成果の先端的な情報を誰にでも分かりやすく提供するとともに、さまざまな情報通信手段により世界規模で研究情報の受発信を行う情報センターとしての役割を担う施設とします。
３．大人から子供まで楽しめる博物館
　　大人から子供まで、また一般から研究者まで幅広い層の知的ニーズに応え、学術的な裏付けをもとにしながら、参加性、体感性を重視した楽しく親しみやすい施設とします。
４．フィールドミュージアム
　　恐竜化石発掘現場などの屋外の自然環境を広く利用し、体験学習も行えるフィールドミュージアムとしての性格も兼ね備えた施設とします[3]。

この設置目的の冒頭にあるように，通常の博物館としての学術研究機関ならびに生涯学習の場である社会教育機関の役割以外に，「地域振興」，「イメージアップ」等に活用することと，「国内外にアピール」することが掲げられている点が特徴的である。参考までに福井県立恐竜博物館と展示テーマが近い神奈川県立生命の星・地球博物館の「誕生と活動」には「平成7年（1995年）3月，横浜馬車道の神奈川県立博物館（現：神奈川県立歴史博物館）の自然史部門が独立する形で誕生し，平成20年8月12日をもちまして400万人の入館者をお迎えすることができました。展示のほか，自然に関する調査・研究，資料の収集・保管，これらを生かした講座や観察会などの学習支援活動をしています。」とあり[4]，地域振興やイメージアップという言葉は見当たらない。福井県の場合は，館の設立当初より学術研究や生涯学習を担うだけでなく，福井県そして勝山市の振興に貢献し，地域の知名度をあげ観光客を惹きつけることも期待されて設置されたことがわかる。

　福井県立恐竜博物館は設立より順調に来館者数を伸ばし，特に夏休み中は関西圏からの家族連れでにぎわうなど，その集客効果は高い。勝山市は福井駅から電車で約1時間かかり，さらに最寄りの勝山駅から博物館まではコミュニティバスで約15分かかるという，決して交通の便はよくない。しかしながらこれだけの入場者数を記録したことは特筆に値するのではないだろうか。国内でも珍しく，子どもたちが好きな恐竜を中心とした迫力ある常設展示に加え，地質学・古生物学の展示内容もわかりやすく見た目も美しく魅力的につくられており，みて感じて知る楽しみを与えてくれる場所であることも集客力の要因と思われる。

　この博物館を観光および地域振興のフラッグシップとしての役割が2009年にさらに強化された。福井県知事の平成21年4月1日付の知事談話によれば，「（略）本県の魅力の向上を図り，国内外に売り込む営業力を強化するため『観光営業部』を設置し，教育，農業，福祉など様々な分野とも連携を強めながら，ブランド力の向上や観光誘客，ふるさと帰住などを推進します。」[5]とあるように，福井県ブランドを高め，それを広く売り込むことを目的に行政の機構改

革の末，新しく設置された部署が観光営業部である。その内部構造は次の通りである[6]。

福井県観光営業部
・ブランド営業課　ふくいブランドの推進に関すること
　　　　　　　　　恐竜博物館に関すること
・観 光 振 興 課　観光および物産の振興に関すること
・ふるさと営業課　ふるさと帰住およびふるさと納税に関すること
・国際・マーケット戦略課　国際政策および国際経済に関すること
　　　　　　　　　海外事務所（香港・上海）の運営に関すること

　2000年に開館した当初から教育庁文化課の所管であった恐竜博物館は，2009年度以降，観光営業部ブランド営業課に移管された。博物館の学術・研究部門は従来のまま継続し，マネジメントおよび広報をはじめとするマーケティングに関してはブランド営業課が深くかかわっていく体制となった。恐竜博物館を県の観光メッカとして強力にプロモートしていくための基盤がつくられたのである。博物館の限られた予算では広報に十分な予算を充てることは難しいが，県の観光キャンペーンなどと協働することで，双方にとりメリットが生まれるであろう。まだ移管されて2年しか経っていないが，この新しい県立博物館の位置づけと管轄体制のもと，どのような展開がなされていくか，今後も検証していきたいケースである。

第5節　おわりに

　本章では2つの国内の事例を中心に，近年，アートと文化がツーリズムにどのようにかかわっているのかについて述べてきた。現在はいかに文化施設に観光客の足を向けるかという視点で事業が組まれている傾向がみられるが，第2節で指摘したように，今後は文化施設で過ごす時間と体験の質についても問われていくであろう。単にミュージアム等に来てもらうだけに満足するのではな

く，単身で来た人，家族連れで来た人，グループで来た人とそれぞれに目的も違えば，なかで何をしたいのかも違ってくるからこそ，それぞれのニーズにあった対応が求められている。山本（2003）が指摘するように，アートをはじめとする鑑賞体験は日常生活に連続する流れのなかで起きており，実際にそれを人々はどのように感じているのかを施設側も理解するべきであろう。

　本章では詳細まで述べることができなかったが，現在は文化施設も地域の人々を巻き込み，観光客と交流していくといった活動の場にもなってきている。近年は国内外でエコ・ミュージアム活動と連動する動きもみられる。優れた事例から積極的に学び，多くのアート・文化施設とツーリズムが上手に連携していくことを期待したい。

【注】

（1）せとうち美術館ネットワークウェブサイト（http://www.jb-honshi.co.jp/museum/）より，2011年8月アクセス。
（2）新江の島水族館ウェブサイト（http://www.enosui.com/），2011年8月アクセス。
（3）福井県立恐竜博物館ウェブサイト「福井県立恐竜博物館　設置の目的」（http://www.dinosaur.pref.fukui.jp/museum/museumdata.html）2011年8月アクセス。
（4）神奈川県立生命の星・地球博物館ウェブサイト「沿革　誕生と活動」（http://nh.kanagawa-museum.jp/info/enkaku/index.html），2011年8月アクセス。
（5）福井県知事「知事談話（平成21年4月1日付）」福井県，2009年，表紙。
（6）福井県知事「知事談話（平成21年4月1日付）」福井県，2009年，p.1。

COLUMN 03　サーフィンを通して環境保護

　私は，茅ヶ崎で人気のスポット，サザンビーチでサーフィン業/海岸線を利用したビーチアクティビティ（各種海遊び体験教室，レンタサイクル等）を提供する「サザンビーチサーフハウス」の代表である。

　現在，地球上の人口増加にともない，人間が行ってきた自然環境の改変により海岸侵食が進行している。この状況はサーフィン業を営む人間にとって死活問題であり，サーファーにとって大問題である。砂浜の消失にともない，自然の恵みである波という文化的サービスがなくなりつつあるのである。ゆえに，多くのサーファーにとって環境保護は重要なテーマとなっている。そしてこの現状をいかに多くの人たちに伝えるかということがサーフィン業を営む人間に与えられた大きな使命だと考えている。

　私共が現在行っている業務は，多くの方に茅ヶ崎の海を好きになってもらい，茅ヶ崎に関心をもつ茅ヶ崎サポーターを増やすことである。海に対する共有認識をもつサポーターが増えれば，これ以上の環境悪化を食い止め，自然とどのように折り合いをつけていけばよいかという多くのアイディアが生まれる。そしてそのアイディアを実行していくことが環境保護に繋がると考えている。

　自然が常に変化するように，私たちも常に，さまざまな意味でアップデートしていかなければならない。サーファーの間で交わされる会話「同じ波は二度と来ない」は，社会の営みのなかで時間の経過ともに移ろう「諸行無常」，「一期一会」に何か通じるものがある。

　以下の様な魅力をもつサーフィンにぜひ，多くの方にトライしていただき，自然とリンクし絆を深めればこの環境を保持していく突破口となり，それができればサーフィンを愛する者として幸いである。

サーフィンの魅力とは
●心の癒し効果がある。つまり，波・自然と一体になり心が白紙（無）にな

る。
- ●サーフィンを通じて五感が活性化される。
  - 視覚：太陽の移動にともなう光の変化による海岸景色の変化により，視覚が研ぎ澄まされる。
  - 聴覚：さまざまな波の音を聴くことにより，聴くという行為が波の音に集中する。
  - 触覚：水温の変化，波の大小による水面の硬さを感じる。
  - 味覚：しょっぱさの違いがわかる。
  - 嗅覚：海，磯の香りをかぐ。
- ●心身の鍛錬ができる。
  - 心：波を待つという行為から自然の変化に対して，耐え受容する心が鍛えられる。
  - 身：日常生活であまり鍛えられない背中の筋力が発達する。
- ●人間 VS 自然の理解が深まる

海の流れ／変化（波に揉まれると）を通じて自然循環が理解でき，無意識の内に人間も自然の一部分だということが理解できる。自然に翻弄されると，流れにあわせるしかないという気持ちにさせる。自然には勝てない！ 多くの人が失いかけた意にならないものを受容する精神を学べる。

COLUMN 04　都市型直売農家と観光

　都市型農業とは，都市近郊の農業一般を指し，大消費地に近い農業地域，都市の生産緑地，市民農園などにおいて営まれる農業のことである。都市型農業は周辺地域住民により新鮮な農産物を供給するとともに，緑地空間の提供，環境や景観の維持を担い，市民生活に情緒的ゆとりを提供する貴重な役割ももっている。そんな背景から，農産物直売が成立しやすいといえる。

　農産物直売といえば形態もさまざまであり，それらは，主に3つの形態に分けることができる。①農業協同組合や複数の農家などが出資して比較的大きい施設など運営される店舗型直売所，②農家が単独で自宅に隣接させて販売するいわゆる軒先販売，③ひと昔でいうところの引き売り[1]や青空市などファーマーズマーケットと呼ばれる販売，などである。特に③は各地で再び盛んにみられるようになった。

　②③で最も重要な意味をもつのは，生産者と消費者間の人と人の交流，農産物や食に関する情報の流通ができることである。人と人の交流について，生産者側からは消費者がみえるとより新鮮で安心できる農産物を丁寧に生産する姿勢につながるし，消費者側からは生産者が見える農産物は安心できるし，粗末にできないという意見をよく聞く。農産物や食に関する情報の流通では，生産者ならではの伝統的調理，消費者からは現代風にアレンジされた調理法，農産物の保存法，旬などについての知識が行き交う。この様なことがらは食育の観点からみても，大変意義のあることである。

　昨今，CSA（Community Supported Agriculture　直訳すると「地域に支えられた農業」）という言葉がにわかに広がりをみせている。消費者や販売者などが，生産者と連携あるいは生産者を支援し，自分たちの食糧生産に自分たちも積極的にかかわるといったものだ。生産者と消費者との直接交流をもつ都市近郊直売（先述②③）では，自然とそれが成り立っているとように思う。地域とかかわり磨き磨かれた産消提携は，農産物以外の部分でもその地域性が出る。

この様なことから，私は農業や野菜に対する意識の変化，食育が見直されている風潮を踏まえたエコツーリズムができると確信している。というのも，2010年9月に講師を務めた湘南観光魅力発見講座の一環で，参加者の方々に畑をみていただいた。参加者の方々はたわわに成り下がる果菜，葉菜が生え揃う様子，直売農家ならではの珍しい野菜の数々に，また，アスファルトを踏み慣れた足には，畑を歩く一歩一歩ですら感動の対象だったようだ。私の日常である畑は，多くの現代人にとっては非日常的であり，そこに栽培されている野菜の数々は，店頭に陳列されているそれとは似て非なる物となり得るのだと思ったからである。

　以前の農業＋観光＝いちご狩り，果樹園などの収穫がメインの観光農園という図式で，我々のような野菜農家が余地はないと思っていたが，日本の小さな農業を地で行くように栽培されている多種多様な直売野菜，その生産現場を訪れ，見る，聞く，買う＋体験，食育的な要素が加わったツアーは都市近郊においてはより身近に手軽に実現可能であるし，有意義なものとなるはずである。

　そのためには，精神的，物理的に「開かれた農場」の構築が必要である。以前に比べれば消費者との距離は縮まっているが，近郊型農業もまだ閉鎖的な部分が残る。都市近郊農家は同時に地主である事が多く，縄張り意識や土地に対する執着が強く，畑といえど他人を入れたがらない。代々の土地をまもる苦労もわかるが，新しいビジネスととらえ他人を客としてもてなす意識改革は必要である。また，農作業は生き物とのかかわりでもあることから，なかなか外に出る機会も少ない。生産者も農業以外の社会に触れ，学び，伝えることができるようになるべきである。

　もう一歩進んだ野菜や食への意識，新しい近郊農業を創造し，観光へとつなげ，それらの発信源となることが，日本農業の再興にもつながるのではないかと思う。

注
1）リヤカーやトラック，時には籠を背負って，生産者自らが住宅街や中心市街地へ農産物を売り歩く販売手段。

第Ⅲ部

おもてなし力を磨く
―今日からはじめる実践おもてなし―

第7章
ホスピタリティの技術

第1節　はじめに

　近年観光業において，地域住民が主体となって観光資源を発掘し，旅行商品として社会に発信する着地型観光による体験型，交流型のツーリズムが注目をあびている。このようなツーリズムでは観光者が地域での体験や交流を行うため，担当者や住民の観光者に対する対応の良しあしが重要となってくる。観光省が行った「観光地住民などの観光と環境に関する意識調査」でも，受け入れ側の対応であるおもてなしの品質が重要であり，その品質の良いことが観光者にその地に再度来たいと思う気持ちに影響を及ぼすことが明らかにされている（観光省，2008）。観光者をもてなすホストである人々，つまり企業や地方自治体を構成する人々，そして住民にとって，心からのおもてなしを意味するホスピタリティ（hospitality）を表すことは重要なのである（cf. 山口，2006）。

　もしあなたがAさんのような経験をしたら，その地を再度訪れたいと思うだろうか，考えてみよう。

　　Aさんは観光地に来て，お土産を買おうと店に入っていった。その地の名産品を選んで，レジまでもっていったが，レジでは従業員同士が夢中になって休日の出来事について話をしていた。そこで「すみません」と声をかけると，一人の従業員が同僚との話を続けながらレジで商品の値段を打

って，それを袋にいれお釣りと一緒に渡してくれた。Aさんの方は一度もみずに，延々とおしゃべりをしている従業員に対して，Aさんは友人にあげるおみやげなのできれいな袋をもらいたいと思ったもののあきらめて，その土産物店を出た。観光地に来ていろいろな人が親切にしてくれてとても楽しい旅行だったにもかかわらず，最後のお土産屋さんで受けたサービスに，Aさんは何だか裏切られた気持ちになった。

　Aさんはなぜ裏切られた気持ちになったのだろうか。観光者が店に入ってきたらホストである従業員の方から挨拶をする，おしゃべりをやめて観光者の対応をするということが一般的には期待されているサービスであり，Aさんはそれを知っていたからである。Aさんは期待していた基本的なサービスも受けられず，がっかりしたのである。従業員のサービスはおもてなしの品質が悪く，ホスピタリティに欠けた対応であったといえる。それではホスピタリティあふれたサービスとはどのようなサービスなのであろうか。

　第7章では，品質の良いおもてなしであるホスピタリティあふれたサービスを提供するための技術，コミュニケーションスキルについて学ぶ。そのために第2節では，ホスピタリティあふれたサービスとコミュニケーションについて明らかにしたうえで，第3節では，ホスピタリティを表すためのコミュニケーションスキルの"きき方"と"話し方"について，第4節では，コミュニケーションスキルとして表情と笑顔，挨拶，身だしなみについて学ぶこととする。

第2節　ホスピタリティあふれたサービスとコミュニケーション

1．ホスピタリティあふれたサービス

　ホスピタリティとは，「温かく親切にもてなす心」といわれている。前述した土産物店の従業員にはホスピタリティはまったくなかったのである。ではホスピタリティあふれたサービスとはどのようなサービスであろうか。これらに

図表7-1　サービスの分類

（精神的サービス／業務的サービス／態度的サービス）

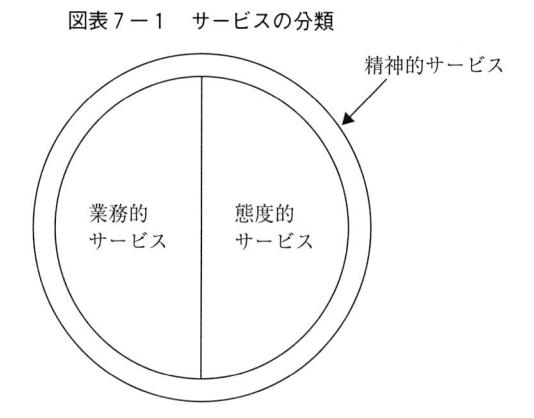

ついて考える前に，サービスについて明らかにする。

　サービスとは，主に①精神的サービス，②業務的サービス，③態度的サービスから成り立っているといわれている（cf. 清水，1993）。①精神的サービスは企業・組織の理念などであり，会社としてどのようなサービスをどのように提供するのかを決定するものである。業務的サービスと態度的サービスの背景に存在することが望ましい。したがって，先の土産物店の企業理念はとにかく商品を「売ればよい」というものだったのであろう。②業務的サービスとは，働き，業務そのものを指す。土産物店の従業員はレジを打ち，お土産を袋にいれお釣りを渡したので，最低限の業務的サービスは提供しているといえよう。③態度的サービスとは業務的サービスのやり方，提供の仕方である。「売ればよい」という精神的サービスが背景にあるため，従業員の態度的サービスはまったくなされていなかったということになる。

　これらのことから，サービスとは，観光者の満足を向上させることを精神的サービスとして掲げ，個々の観光者のニーズに合わせた業務的サービスと態度的サービスが提供されることが必要なのである。したがって，ホスピタリティあふれたサービスをするには，とりわけ態度的サービスが重要となる。なぜならば，サービスの提供はホストと観光者との間で直接行われる活動であり，ホストの態度的サービスの良しあしが円滑なコミュニケーションに影響を及ぼ

す。円滑なコミュニケーションが行われることで，観光者はホスピタリティを感じる機会が増えるからである。

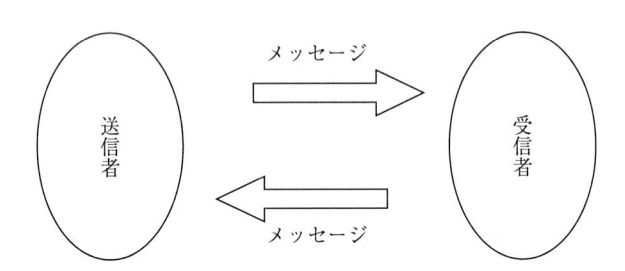

2．ホストとコミュニケーション

コミュニケーション（communication）とは，ラテン語のコミュニケア（communicare）を語源とした言葉であり，共有する，分かち合うという意味をもつ。したがってコミュニケーションするということは，相手からメッセージをもらったら，そのメッセージを理解し，相手と同じものを共有することなのである。

このコミュニケーションは送信者がメッセージを受信者に送り，受信者はそのメッセージを正しく理解し，メッセージを返すという仕組みをもつ（図7－2）。二者間でメッセージが互いに伝達され，メッセージのキャッチボールがなされることがコミュニケーションである。互いのメッセージの意味することが相手に誤解されずに伝わることが，同じものを分かち合う，共有しあうことにつながる。

図表7－2　コミュニケーションの仕組み

3．コミュニケーションと「枠組み」

コミュニケーションが適切に行われ，観光者が望んでいることを正確に理解した場合，観光者に適切なサービスを提供することが可能となり，ホスピタリティを感じてもらうことができるであろう。しかし，コミュニケーションを通

して，相手のメッセージの意味することを正確に理解することは，実はとても難しい。

それはなぜか。星野（2003）は各自が自分の「枠組み」をもっていることを理由としてあげている。「枠組み」とは「ものの考え方，感じ方」である。人はもらった情報を自分がもっている自分なりの「枠組み」で解釈したり，感じたりしてしまうので，本来伝えたいと思っていたことが異なって伝わってしまうことがあるのである。

たとえば，Bさんは南仏のツアーに参加をし，エアフランスの機内で気分が悪くなった。そこでニースに着いた時に，添乗員に以下のように伝えた。

「機内で気分が悪くなり，今も気分が悪いので，今日のニースでの市内観光はやめます」

これが事実だとしても，同じことをCさんだったら，

「機内で気分が悪くなり，ニースの市内観光に行っても楽しめないと思うので，行くのをやめたいのですが」というかもしれない。

かたやDさんは「機内で気分が悪くなり，みんなに迷惑をかけたら申し訳ないので，ニースの市内観光はしません」と伝えるかもしれない。

Bさんは事実のみを伝え，CさんやDさんのように事実に自分が思ったことを付け加えて伝える人もいる。つまり，それぞれが自分の「枠組み」をもっているので，それにそって解釈して相手に伝えるのである。メッセージを受ける相手もその人と同様に自分の「枠組み」をもっているので，受け取り方が微妙に異なってしまうことがあるのである。あなたも「枠組み」をもっているのだろうか。この章の最後にある演習1で確かめてみよう。

第3節　コミュニケーションスキル —— "きき方" と "話し方"

1．"きき方"

（1）2つの "きく"

相手の言葉を "きく" 場合には2通りの "きき方" がある。1つは "聞く"

であり，英語のhearにあたる。この聞き方は相手の言葉を額面通りに受動的に聞くことである。もう1つは"聴く"であり，英語ではlistenにあたる。この"聴く"は言葉の裏にある相手の気持ちにまで耳を傾けながら，相手の言葉を能動的に聴くことである（諏訪，2000）。たとえば，添乗員がEさんに「おはようございます。お元気ですか」と聞いた時，Eさんは「おはようございます。はい，元気です」と答えたとする。答えをそのまま額面通りにとるとEさんは元気である。しかし，Eさんの顔をみながら挨拶をした時に，笑顔がなかったり，顔色が悪かったりした場合は，本人が元気であるといっていても，聴くことによって，本当は気分がそれほどよくないということに気づく。「お顔色が悪いですが，夜はよくお休みになれましたか」「少しお顔色が悪いようですが，ご気分はいかがですか」などということで相手の真の気持ちを理解することができる。

ではどのように聴くことで，観光者の真の気持ちを理解し，円滑なコミュニケーションを取ることができるのであろうか。ここでは特に重要だと思われる3つのポイントをあげる。

① 相手が伝えようとしている内容を正確に受け止める。
　相手が何を伝えたいのか充分に理解するよう心がける必要がある。
② 伝え手である相手の「枠組み」でとらえる。
　人はそれぞれ自分の「枠組み」をもっていることを忘れずに，相手のいったことを自分の都合のよいように解釈をしない。
③ 相手の表情や声のトーンなど言葉以外があらわしているものに注意を向ける。
　表情やしぐさなどちょっとしたところにその人の本心が現れる。見逃さないようにしよう。

2．"話し方"

どのように話すことで，相手に自分の伝えたいことがきちんと伝わるのであろうか。話し方の3つのポイントについて説明する。

① 相手にとってわかりやすい明確な表現をする。

自分の伝えたいことを明確に表現する。たとえば，「集合場所は，あそこに見えている赤いビルの入り口です」というよりは，「集合場所は，皆様から見て左から2番目にある赤いビルの1階正面の入り口です」というほうが相手にとってわかりやすく明確な表現といえる。

② 相手にとって適量な情報量で伝える。

あれもこれもと伝えたいことがたくさんあって，それを伝えようと一生懸命になってしまうことがある。相手はうんざりしているにもかかわらず話を続けても，相手は聞く体勢ではないのでそれは無駄になる。相手の様子をみながら，適量でやめること。

③ 相手の表情や声のトーンなど言葉以外があらわしているものに注意を向ける。

話をしながら，相手の表情や声のトーン，行動に注意することで，相手が今の話を理解していないなどがわかる。表現の仕方を変えるなどして話をすすめていこう。

以上，"聴き方"と"話し方"のポイントについて学んできたが，どちらのポイントにも共通していることがあることに，あなたは気づいただろうか。どちらの場合にもすべて相手中心に考えて聴き，話すことが重要であり，それがホスピタリティを表すことにつながるのだということに。

第4節　コミュニケーションスキル
　　　　── 表情と笑顔，あいさつ，身だしなみ

コミュニケーションは言葉そのものである言語的行動と，それ以外のものである非言語的行動とを使って行われる。これらの行動を手段として使い，ホスピタリティを表すには，どのようなコミュニケーションスキルが重要なのであろうか。ここでは第一印象の55％を占めるといわれている要因の内，表情，

笑顔，あいさつ，身だしなみ（メラービアン，Mehrabian, 1972）[1]をとりあげ，検討する。

1．表情と笑顔

　表情はその人の感情を表す。顔面表情において万国共通に理解される感情は，恐怖，嫌悪，怒り，悲しみ，驚き，幸福であるといわれている（エクマン，Ekman, 1992）。とりわけ笑顔は人が幸せや喜びの感情をもった時に表すとされる。このような心からの笑顔は一般的には好感をもって人に受け入れられる（デウッチ，レバロンとフライヤー，Deutsch, LeBaron, & Fryer, 1987）。

　笑顔は顔に無数にある表情筋という筋肉のなかでも主に2つの筋肉，目の周りにある眼輪筋と口の端から耳の下の方にかけてある大頬骨筋を使って表される（図表7－3）。

　私たちが「あの人は眼が笑っていないから本心からいっていない」とわかるのは，口元だけで笑っていて眼輪筋を使っていないからである。

　また，笑顔には3つの機能があるとされている（山口・小口，1998）。それらは，①親密さを表す"親密さの表出機能"，②相手からの望ましい反応を促す"フィードバックと強化の機能"，③特定の印象を形成する"印象管理機"である。これらの機能から，たとえば添乗員の笑顔は観光者に好意をもっていることを伝え，観光者からの望ましい反応を引き出し，感じのよい添乗員であるという印象を形成させる。笑顔は円滑なコミュニケーションをするきっかけをつ

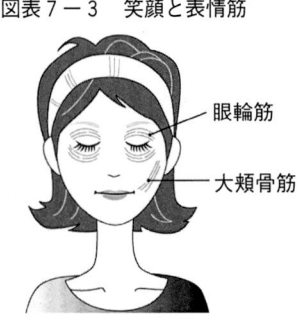

図表7－3　笑顔と表情筋

眼輪筋
大頬骨筋

くり，ホスピタリティを感じてもらうことにつながるのである。しかも笑顔を表すことは観光者にとって好ましいだけでなく，その送り手自身にとっても快感情を起こさせるといわれている（ザイアンス，Zajonc, 1985）[2]。

このように笑顔の機能を充分に発揮させるためには，まずは表情筋を鍛える必要がある。演習2にある「あなたの笑顔」エクササイズを行って，表情筋を鍛えよう。

2．あいさつ

観光地で住民の人に旅館までの道を尋ねた時，親しみやすい笑顔であいさつをしてくれて，丁寧に教えてくれた。旅館では女将の優雅なあいさつと出迎えを受けた時，あなたはホスピタリティを感じるのではないだろうか。

出会いのあいさつは，未知の二者間のきまずさ，不安，警戒心を取り除き，コミュニケーションのきっかけを与え，対人関係の形成のきっかけをつくる（深田，1998）。観光地の人々の観光者に対するあいさつは観光者の不安や警戒心を緩和させ，コミュニケーションのきっかけをつくるため，観光地の人々にホスピタリティを表す機会を提供するのである（cf. 山口，2006）。

このあいさつについて，大坊（1999）が3つの効用をあげている。それらは，①相手に自分をアピールする，②相互作用の区切り，あるいは開始を求める，③互いの役割を確認する，である。たとえば先の土産店の従業員がAさんにあいさつをしていたとすれば，従業員はAさんに自分をアピールし，お店やこの地域を訪れてくれたAさんとコミュニケーションを開始したいこと，ホストである自分の役割を理解したうえで，迎える気持ちを表すことができたのである。

3．身だしなみ

自分のために飾ることが「おしゃれ」であるとすれば，人のために「整える」のが身だしなみである。したがって，観光者のために，観光者が不快感を抱かないようにホストは身だしなみを「整える」必要がある。たとえば，職場に合

わない服装や清潔感にかける服装，だらしのない服装は観光者に不快感を起こさせる。服装はその機能の1つである情報伝達機能が働くことで，人格，状況的意味に関する情報などを伝える（山口，2007）。人格の情報としては，奇抜な服装をしていると積極的な人という情報とともに思慮がない人という印象を相手に与えてしまう（神山・牛田・枡田，1987）。状況的意味に関する情報としては，服装によっては，フォーマルな状況であるか，カジュアルな状況かという情報を伝える（ダムホースト，Damhorst，1985）。たとえば高級旅館の女将がジーンズとTシャツで観光者を迎えたとすれば，その旅館はカジュアルな場所であると女将が考えているという情報を伝え，観光者は違和感を感じるであろう。ヘアースタイルも清潔感がなく，だらしのないものは観光者に好感をもたれない。また，ヘアカラーの強い者は知的ではなく，分別がなく，短気であるなどその人のパーソナリティまでも推測させる（神山・牛田・枡田，1987）といわれている。

第5節　おわりに

　以上のように，第7章では品質のよいおもてなしである，ホスピタリティあふれるサービスを提供するための具体的な技術について明らかにした。これらの技術を向上させるための第一歩は，まずは日常生活のなかで，相手中心に考えて，聴き，話すこと，意識して自分から笑顔であいさつをする，身だしなみを整えるなど，心がけることが必要であろう。それらがなされることで円滑なコミュニケーションが生みだされ，ホスピタリティを表すことが可能になると思われる。

演習1：あなたの「枠組み」エクササイズ
　このエクササイズを行う前に次のページ（p.116）の図表7－4はみないようにしてください。

☆進め方
1．用意するもの
　　Ｂ５ぐらいの白紙１枚，筆記用具
2．４，５人のグループに分かれ，まずは１人リーダーを決めてください。決まったら，リーダーはグループメンバーにＢ５ぐらいの白紙を配布してください。
3．リーダーは以下に書かれている（1）から（2）までを読んでください。
（1）今からエクササイズを行います。私が文章を読みますので，読んだ内容を今配布した紙に書いてください。1回しか読みませんので，注意して聞いてください。質問にはお答えできませんので，自分の判断で書いてください。まわりの人に惑わされず，自分の思うままに書いてください。
（2）それでは今から文章を読みます。
　　（①から④まで読んでください。メンバー全員が描き終わったら，次の文を読むようにしてください。）
　　① 車で海辺のホテルに行った時，車窓からホテルがみえました。
　　② そのホテルは３階建てで，正面に入口がありました。
　　③ ビーチにはパラソルが１つみえました。
　　④ ホテルの建物のそばにヤシの木が３本みえました。
（3）以上で文章は終わりです。

☆『あなたの「枠組み」エクササイズの解釈』
1．「違い」を探してみよう。
　　描いたものを互いにみせ合ってみよう。ここで注目すべきことは絵が上手下手ではなく，違いは何かを探してみることである。
2．同じものはひとつもないことに気づこう。
　・「かく」の意味の誤解
　　「かく」といった場合，文章を「書いた」人，絵を「描いた」人，心配なので文章と絵を描いた人などいろいろいるはず。

図表7−4　リゾートホテルの絵

- 紙の向きの誤解

  紙の向きを指定しなかったので，紙を横にして描いた人，縦にして描いた人といるはずである。

- 絵の中身の誤解

  海辺のホテルもさまざま。大きさ，窓の数，外観など，おそらくさまざまな形がある。玄関の大きさは。海はどこにある。ヤシの木はどこに描いてあるかなどなど，違っているところがたくさんある。

3．「枠組み」があることを理解しよう。

　１人ひとりが異なったものの見方，感じ方があるため，同じ文章を読んでも１つとして同じものはない。「かいてください」といわれて，絵を描いた人も文章を書いた人もいずれも間違いではない。文章を読んでもらいそれを聞いたときの感じ方で，絵を描いたり，文章を書いたりしたのである。ホテルの大きさや外観なども同様である。

4．みんながもっている「枠組み」があることを理解したうえで，コミュニケーションをしよう。

　人それぞれに「枠組み」をもっていることを認識したうえで，コミュニケーションを心掛けよう。つまりコミュニケーションをする際には相手の立場に立って，正確に伝えるように心掛ける必要がある。聞く側も，正確な情報を得るように，質問する，繰り返して話してもらうなど，誤解を防ぐ工夫が重要である。

演習2:「あなたの笑顔」エクササイズ

用意するもの:割ばし,机に立てることのできる鏡

エクササイズのやり方:

① 割り箸を横にして前歯で軽くかみます。
② その状態で1分間割り箸の線よりも口角を上げ続けます。できないときは指先を使ってあげてみよう。(図表7-5を参照)
③ 鏡を見ながら口の形はそのままで,ゆっくり割り箸を抜きます。
④ このときの口の形を覚えておき,いつもこの笑顔を表すように心がけてください。

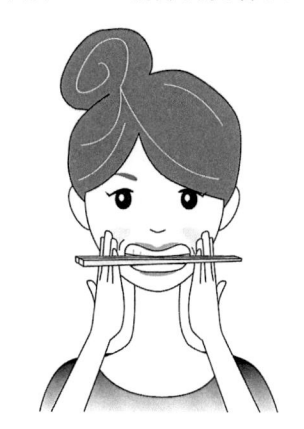

図表7-5 前歯で割り箸をかむ

【注】

(1) メラービアン (Mehrabian, 1972) は第一印象を100%とした時に,その内の55%が表情と笑顔,あいさつ,身だしなみなどであり,38%が声のトーン,音質,そして7%が話の内容であることを明らかにしている。
(2) 感情血流理論では,表情筋の動きによって生じる脳内の血管系の温度変化が特定の感情を引き起こすことを明らかにしている。つまり,笑顔を表すことは,それにともなう表情筋の働きによって,海綿静脈洞へ向かう静脈の血液の量を増やし鼻の奥へ取り込む空気の量を多くすることにより,脳へ向かう空気を冷却する働

きがある（志水・角辻・中村，1994）。脳へ向かう空気を冷却すると快感情を引き起こすといわれていることから，笑顔を表すことで表している本人も心地よくなるのである。

第 8 章
顧客満足を測る

第 1 節　はじめに

　あなたは旅行会社が企画したツアーに参加をした時に，旅行会社から求められたアンケートに回答をしたことがあるだろうか。おそらく1度や2度は回答した経験があるのではないだろうか。「○○会社の旅行商品をお選びいただいた理由を教えてください」と記述を求めるものや，「販売店の応対は総合的にみてご満足いただけましたか」「販売員は笑顔で応対をしていましたか」と，どの程度満足したかを聞くものなど，顧客からの声を聞くために，会社はさまざまなアンケートを実施している。これらのアンケートから得たデータを使って，企業は顧客に提供するサービスの品質の改善に努めているのである。
　この章では顧客満足とは何かを理解したうえで，アンケート調査を通して顧客満足度を測る方法について学んでいきたい。そこで，あなたが旅行に行ったと仮定して，顧客満足について考えてみよう。

　　あなたは世界自然遺産である北海道の知床国立公園に行った友人から，知床がいかに素晴らしいかを聞いていた。過去に同じく世界自然遺産である屋久島に行ったことのあるあなたは，自分でも知床について調べた結果，いつも一緒に行っている4人の仲間と知床に行ってみたいと思った。そこで家の近くにある大手旅行会社の支店に行って，知床ツアーの申し込みをした。それは「ゆったりと知床の自然を楽しむ」というツアーであった。

当日無事に女満別空港に着き，現地の担当者の感じのよい出迎えを受けたあと，まずは知床国立公園の知床世界遺産センターに行った。公園に生息する野生動物などについて情報をもらったあと，公園内を歩こうと遊歩道の入口の場所をセンターの職員に聞いたところ，仕事の手を休めて入口まであなた方を案内してくれた。その後，遊歩道を歩いていたら，途中でエゾジカが草を食べている場面に遭遇し，さらにはオオワシとオジロワシをみることができた。センターに戻ったあとはみんなでお店に入り，欲しいと思っていた知床の写真集を探していたら，困っているあなたに気づいた従業員が助けてくれたので探していた写真集を買うことができた。あなたの知床の旅は大満足の内に終了した。次は自然が好きな両親を連れてもう一度知床の旅に来ようかなと思いながら，帰宅した。

あなたは期待通りの知床の旅を終えることができたのだろうか。次節で順を追って考えてみよう。

第2節　顧客満足とは

1．顧客満足とは

満足感とは「個人のある状態への主観的な評価の結果生じるポジティブな感情的な反応」（近藤，1997）であり，「特定の具体的なサービスの取引についての直接的な感覚」（イアコブッチ，グレイソンとオストロム，Iacobucci, Grayson & Ostrom, 1994）といわれている。これらの定義から，顧客満足は顧客が知覚したサービスの評価をした結果に起こる驚きや喜びという感情的反応といえる。したがって顧客満足度を調査するには，顧客がどのような経験をしたかを測る必要があろう。

顧客満足とは，顧客が期待するサービスの品質と顧客が実際に知覚するサービスの品質との差によって決まるといわれている（図表8－1）。

図表8-1　期待するサービスの品質と知覚するサービスの品質

① 期待するサービスの品質 ＞ 知覚するサービスの品質　　　不満足

② 期待するサービスの品質 ＝ 知覚するサービスの品質　　　普通の満足

③ 期待するサービスの品質 ＜ 知覚するサービスの品質　　　大満足（感動）

　それでは顧客のサービスの品質への期待とはどのような要因の影響を受けて決まるのであろうか。顧客のサービスの品質への期待は，①サービス内容の特徴，②個人的ニーズ，③口コミ・コミュニケーション，④過去の経験，⑤企業イメージの5つの要因からつくられる（クリストファー，Christpher, 1993）（図表8-2）。

図表8-2　サービスの品質への期待

```
サービス内容の特徴 ──────┐
個人的ニーズ ─────────┤
口コミ・コミュニケーション ──→ サービスへの期待
過去の経験 ──────────┤
企業イメージ ─────────┘
```

出所：クリストファー（Christopher, 1993）を一部改編。

①サービスの内容の特徴とは，購入しようとするサービス内容の特徴である。たとえば，旅行会社の企画したツアーによる旅行と個人旅行とでは，サービスの内容は異なってくるため，サービスの品質への期待も異なる。②個人的ニーズとは，顧客の欲求や好みである。今回の知床の旅では「ゆっくりと自然を楽しみたい」という欲求があり，そのサービスを得ることを期待していたであろう。③口コミ・コミュニケーションとは，知人からの情報やHPの広告である。知床の旅はまさに友人からの口コミ情報があった。④過去の経験とは，過去の同一の経験あるいは似通った経験である。あなたは同じ世界自然遺産である屋久島の旅行という経験をしている。この経験がサービスの品質への期待に影響を及ぼしている。⑤企業イメージとは，その企業の評判や活動である。今回は大手の旅行会社であり，その会社の評判がサービスの品質への期待に影響を及ぼしているといえる。

「実際に知覚するサービスの品質」とは企業が提供しようとしているサービスの品質とは異なり，あくまでもサービスの提供を受けた際に顧客が知覚するサービスの品質を示している。今回友人と行った旅行であなたが知覚したサービスの品質は非常によく，あなたは，次は両親も連れて行きたいと思わせるほどのサービスであった。ということは，あなたが知覚したサービスの品質は，あなたがさまざまな要因の影響を受けたうえでのサービスの品質への期待であったが，その期待を上回るものであったと推測できる（図表8－1，③）。したがって，あなたの顧客満足の値は高いと思われる。では，期待するサービスの品質よりも実際に知覚するサービスの品質の方が低かった場合はどうであろうか。顧客はがっかりしてそのサービスに不満を覚え，顧客満足は低くなるであろう（図表8－1，①）。次回の旅行では別の旅行会社に依頼をするか，あるいは友人にその旅行会社はあまりよくないので勧めないと伝えるかもしれない。それでは期待するサービスの品質と実際に経験して知覚するサービスの品質とが同じだった場合はどのような評価になるだろうか。その場合は，期待した通りだったので不満を感じることはないものの普通の満足を感じると思われる（図表8－1，②）。

このように顧客満足は，とりわけ期待するサービスの品質の評価よりも実際に知覚するサービスの品質の評価が上だった場合に，顧客は満足し感動する。観光ビジネスにとって顧客満足が重要なのは，第一にそれが購買行動の感情的結果として，それ自体が顧客にとって魅力的になることであり，第二にそれが次の購買行動へ影響するからである（近藤，2010）。

2．顧客満足と「真実の瞬間（moment of truth）」

　顧客満足について考える際に，「真実の瞬間」について説明する必要があろう。1980年のはじめ，スカンジナビア航空の社長であったヤン・カールソンは顧客重視の航空会社にすることで，赤字を抱えていたスカンジナビア航空を黒字転換することに成功した。顧客が従業員の提供するサービスに出会ったときを「真実の瞬間」と呼び，その瞬間にスカンジナビア航空が最良の選択であったと顧客に納得させる必要があると，一連の組織改革を行ったのである（カールソン，Carlzon，1991）。顧客は会社のHPで経営理念を理解してからサービスを受けるわけではなく，サービスを受けた瞬間にその企業のサービスに対す

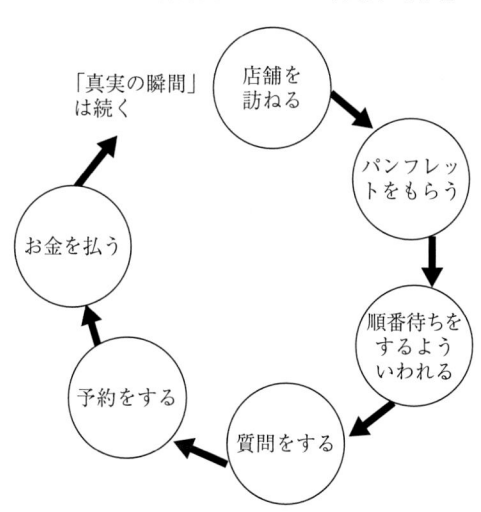

図表8－3　旅行会社における「真実の瞬間」

る会社の理念を評価するからである。

　このようにサービスエンカウンター[1]におけるさまざまな場面が「真実の瞬間」であることを認識し，従業員は顧客が期待するサービスを提供することが必要である。先の知床ツアーの申込みにおける「真実の瞬間」について考えてみると，さまざまな場面があることが理解できるであろう。

　あなたは店舗を訪ねる → パンフレットをもらう → 順番待ちをするよういわれる → 質問する → 予約をする → お金を払う → 帰宅してから電話で質問する・・・など，「真実の瞬間」は続く。

　顧客はサービス・エンカウンターでサービスを消費し，その内容に決定的な印象を下す。それはサービス全体の満足感に影響するのである。

第3節　顧客満足と顧客ロイヤルティ

　顧客満足と顧客ロイヤルティとはどのような関係があるのだろうか，考えてみよう。まずは顧客ロイヤルティとは何かを明らかにする。

1．顧客ロイヤルティとは何か

　ロイヤルティとは，顧客や社員などが金銭的もしくは個人的な犠牲を払ってまでも企業とのリレーションシップを強化したいと望むことである（ライクヘルド，Reichheld, 2004）と定義されている。

　あなたが今回の旅行に満足したので，これからも同じ旅行会社のツアーを利用し，その後すっかりファンになったあなたは毎年グループ旅行をする時にはその旅行会社に依頼するようになる。友人が旅行に行くと聞いたら，その旅行会社を紹介する。そのような状態になった時，あなたはその旅行会社にとってロイヤルティの高い顧客であるといえる。

　このように顧客ロイヤリティとは企業とその製品もしくはサービスに対して肯定的な態度をもった顧客の行動を指し，長期にわたる積極的な購買パターンが特徴としてみられるといわれている。それは反復購入や購入頻度などよって

測定される。しかし，すべての反復購入や購買頻度がロイヤルティに基づいているわけではないことも心にとめておくべきであろう。たとえば，いつも同じバスを使って大学へ行く人はそのバス会社へのロイヤルティから使っているのではなく，ほかに交通手段がないため，つまり選択肢がないからということもあるからである。

2．顧客満足と顧客ロイヤルティとのかかわり

あなたは，なぜ1つの旅行会社にツアーの企画を依頼するようになったのであろうか。それは毎年行くツアーがとても楽しく自分たちの期待を裏切ることのないツアーで，いつも満足度が高いからである。つまり顧客満足が高いことが顧客ロイヤルティに影響を及ぼすのである。

それでは，顧客ロイヤルティを高めるためには，顧客満足の向上以外にどのような要因が必要なのであろうか。顧客は提供されているサービスを変更する際に必要となるコスト，スイッチングコストというが，それを払いたくないという気持ちがあることがあげられる。同じ旅行会社にツアー企画を頼んでいれば，あなたの住所や勤務先，今まで行った旅行先や希望など，あなたの情報は記録されているため，再度記入するなどの面倒な手間が必要ない。このように人はサービスを変更するためのコストはなるべく払いたくないと思っている。次にサービス提供者との円滑な人間関係の存在である。あなたの旅行を企画してくれる担当者が決まっていて，その人に頼んでおけば安心と，その人との間に信頼関係が生まれる。そのため他の旅行会社に依頼したいとは思わないのである。これらの要因を満足させることができると顧客ロイヤルティが高まるといえる。

3．顧客ロイヤルティの重要性

企業にとって顧客ロイヤルティはなぜ重要なのか，その理由を整理してみると，以下の5つがあげられる（ラブロック，Lovelock, 1994）。

1）新規顧客には費用がかかる。
　　新しい顧客を獲得するためには広告宣伝など多額の費用がかかる。
2）企業の利用は時間の経過とともに利用数が増える傾向がある。
　　ロイヤルティの高い顧客はお気に入りの企業への支出を増やす傾向があるため，売上は伸びていく。
3）何回も利用してもらうことで，1回の利用にかかる運営費用が下がる。
　　初めての顧客と何度も繰り返しサービスを利用する顧客とは，1回の取引が企業にもたらす利益率が全く異なるという調査結果がある（サッサーとライクヘルド，Sasser & Reichheld, 1991）。
4）いつも使っている企業に対しては，割増料金を払うことに顧客の抵抗が少ない。
　　少しの割増料金を払っても，長期的にみて好条件や高い価値を提供してくれる企業だと理解している。
5）口コミの効果が期待できる。
　　素晴らしいサービスを受けている顧客は，それをまわりの人に話をする。口コミの効果は絶大である。

以上のような理由から，顧客ロイヤルティは企業に大きな利益をもたらすのである。

第4節　顧客満足度調査

　顧客満足度調査は観光ビジネス企業にとって，顧客の満足の経験や不満足の経験を知るという意味で重要なものである。とりわけ，顧客満足度調査から顧客ロイヤルティを測定し，ロイヤルティについての具体的な目標を立て，業績と比較していくことが必要である。そこで，この節では，顧客満足度調査について学んだあと，調査から明らかになった顧客ロイヤルティと企業の利益成長率とのかかわりについて考えてみよう。

1．顧客満足度調査

顧客満足度調査を行うためには次のステップをとることが必要である。

（1）顧客満足度調査の目的を決める

何のために調査をするのか明確にする。一般的には大きくわけて以下の3つの目的が考えられる（cf. 三枝，2008）。場合によっては，複数の目的をもって調査を行うこともある。

① 企業の全体的傾向の把握

顧客満足度の全体的な傾向をとらえる目的で実施される。自社の現状の水準や今まで行った評価結果の把握，顧客の動向を知るために実施する。

② 顧客のニーズや不満の把握

個々の顧客のニーズや不満を把握，顧客との関係維持のための情報を入手する。個人が対象のため，個人名など把握が必要である。自由回答欄を設けるなどして，コメントや希望などを記入してもらうと良い。

③ 企業活動の評価と改善

製品やサービスあるいは特定の部門を評価することを目的とする。評価項目を選択することによって長所，短所を明らかにして，改善へつなげる。

（2）誰の満足度を調査するかを決める

そのサービスを使用する人の満足度を調査するのか，あるいはそのサービス提供者を誰にするか選ぶ権限をもっている人の満足度を調査するのか，など対象者を決める。

（3）測定する項目を決める

① 対象者の属性

名前について記名にするか無記名にするか，年齢，性別，旅行の形態，同行者など。

② 全体的な満足度

　　サービスを経験してみた時の全体的な評価について聞く項目である。

　　例：「総合的にみて，今回の旅行にどの程度満足しましたか」

③ サービスに関する評価

　　どの側面を測るのか。顧客が体験する場面，状況における測定をする。

　　例：電話での応対に関する質問

　　　　「ご案内・ご説明は充分にわかりやすかったですか」

　　　　「お客様の質問に的確にお答えできましたか」

　　　：来店したお客様への応対に関する質問

　　　　「"いらっしゃいませ""ありがとうございました"」などのご挨拶がありましたか」

④ 顧客ロイヤルティ

　　顧客の意志や次の行動，紹介の意志についてたずねる質問である。

　　例：「次回のご旅行計画の際にも当店でご相談いただけますか」（顧客の意志）

　　　　「今までに当旅行会社を何回利用しましたか」（次の行動）

　　　　「お友達などが旅行をする際に，当旅行会社を紹介したいと思いますか」（紹介の意志）

⑤ 自由回答

　　全般的な質問では取れない部分を補うために，意見，要望，不満などを自由に記述してもらう。

（4）フェイスシート

　挨拶とアンケートの趣旨文，個人情報の取り扱いについての説明，アンケート記入の方法の説明がこれにあたる。

図表8－4　旅行会社の顧客満足度調査（一部抜粋）

○今回の販売店についてお伺いいたします。　　※該当する項目に ☑ をご記入ください。

当店の応対は，総合的にみてご満足いただけましたか。	□ 満足	□ 不満	□ 普通
1．ご相談・お申込みいただきました際のごあいさつについてお伺いいたします。 ○ "ご来店" のお客様 　① 「いらっしゃいませ」，「お待たせ致しました」等のご挨拶はありましたか。	□ あった	□ 無かった	□ 不明
○ "お電話" のお客様 　① ご用件を承る際に店名，自分の名前をはっきりと申し上げましたか。	□ 名乗った	□ 名乗らなかった	□ 不明
2．お客様に明るい笑顔と丁寧な言葉遣いでご案内しましたか。	□ していた	□ していなかった	□ 不明
3．ご案内・ご説明は分かりやすかったですか。	□ 分かりやすかった	□ 分かりにくかった	□ どちらでもない
4．お客様のご質問に的確に答えましたか。	□ していた	□ していなかった	□ どちらでもない
5．お調べしてのご回答，お電話，資料のご送付は守られましたか。	□ 守られていた	□ 守られていない	□ どちらでもない
6．手配内容はお客様のご希望通り，正確になされましたか。	□ 正確であった	□ 一部，間違いがあった	□ 複数の間違いがあった
7．今までに当旅行会社を何回利用しましたか。	□ はじめて	□ 2回～5回	□ 5回以上
8．次回のご旅行計画の際にも，当店でご相談いただけますか。	□ 相談する	□ 相談しない	□ 分からない
9．お友達などが旅行をする際に，当旅行会社を紹介したいと思いますか。	□ 紹介したい	□ 紹介したくない	□ 分からない
10．当店の改善すべき項目についてお答えください。（複数回答でも結構です） 　（1）応対について	□ 店での待ち時間が長い □ 店内で迷っている時に誰も声をかけてくれない	□ 電話が繋がらない	□ 横柄な社員がいる
（2）当店全体について	□ 整理整頓ができていない □ 待合スペースが狭い	□ 案内表示が分かりにくい	□ 営業開始時間が遅い
（3）店内設置パンフレットについて	□ 種類が少ない □ 在庫切れがある	□ 配置場所が分かりづらい	□ 整理整頓されていない

最後に，当店についての「ご意見・ご要望・良かった点」をご記入ください。

2．顧客ロイヤルティと企業の成長率

　ライクヘルド（Reichheld, 2004）は顧客のロイヤルティと会社の成長率との関わりを調べ，紹介の意志を尋ねる質問（「あなたは友達に当旅行会社を紹介したいと思いますか」）に「はい」と答えた顧客が実際に行動（リピートオーダーや口コミ）を起こし，会社の成功率に影響を及ぼしていることを明らかにしている。

　また，ライクヘルド（2004）は，顧客が①推薦者，②中立者，③誹謗者の3種類に分類されるとしている。①推薦者は最も繁雑に購買あるいは利用する顧客であり，口コミを行う顧客である。アンケートの評価は10点満点評価で10点もしくは9点をつけた顧客である。②中立者はサービスにまあまあ満足している顧客であり，評点は8点もしくは7点をつけた顧客である。③誹謗者は不満を感じた顧客で，評価は6点以下である。これらの顧客のなかで企業にとってもっとも重要な顧客はいうまでもなく推薦者である。しかし，誹謗者も無視することはできない。なぜならば彼らの企業への不満の一言が推薦者を減らすことにつながるからである。そこで正確な企業の成長率と顧客とのかかわりを検討するために，推薦者の正味比率（推薦者の比率から誹謗者の比率を差し引いたもの）と企業の成長率との関わりを検討した。その結果，正味比率と企業の成長率とには大きなかかわりがみられた（図表8-5）。

　このように企業にとっては顧客ロイヤルティが高い顧客，推薦者を対象に彼らの満足度を高める工夫をすることが利益率を高める一番の方法なのである。

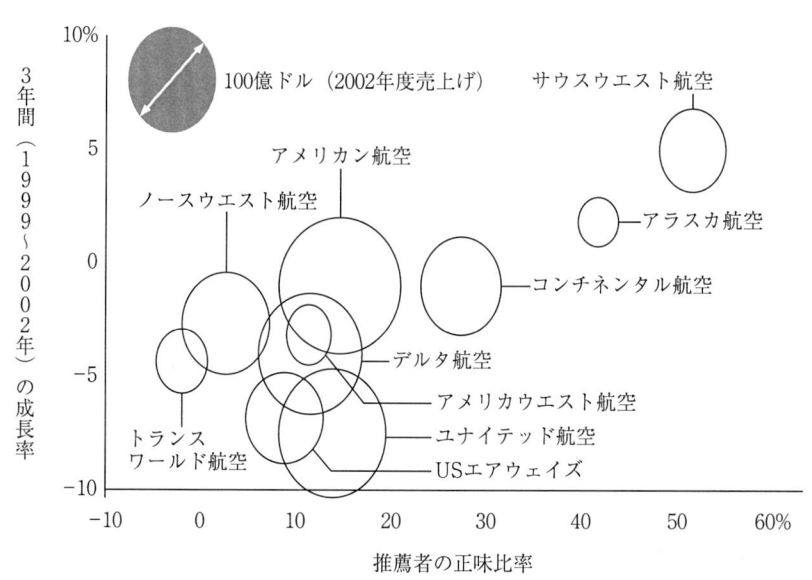

図表8-5 推薦者の正味比率と企業の成長率（航空業界）

[図：横軸「推薦者の正味比率」(-10〜60%)、縦軸「3年間（1999〜2002年）の成長率」(-10〜10%)のバブルチャート。100億ドル（2002年度売上げ）を表すバブルサイズの凡例付き。プロット：ノースウエスト航空、アメリカン航空、サウスウエスト航空、アラスカ航空、コンチネンタル航空、デルタ航空、アメリカウエスト航空、ユナイテッド航空、トランスワールド航空、USエアウェイズ]

出所：ライクヘルド（Reichheld, 2004）より一部転記。

第5節　おわりに

　第8章では，顧客満足とは何かを理解したうえで，顧客満足が顧客ロイヤルティに及ぼす影響について学んだ。その結果，顧客ロイヤルティが高い顧客を増やし，彼らの満足度をいかに高めていくか，不満足を感じた顧客（誹謗者：ひぼうしゃ）を減らすために彼らの不満足の要因をどのように解決していくかが企業にとって重要な課題であることが明らかになった。これらの課題をみつけるために，顧客満足度調査は企業にとって重要なツールであることを再認識しておく必要があろう。

【注】

（1）顧客が企業の提供する具体的なサービスに直接接する場面のこと（近藤，2010）。

第9章
おもてなしが届くマーケティング

第1節　はじめに

　多くの人が「マーケティング」という言葉を聞いたことがあろう。新商品を開発する時，商品を販売する時，顧客の満足度を高めたい時など，企業はターゲット層を絞り込み，ターゲット層のニーズを把握し，ターゲット層の行動を予想しつつ，最適な製品，価格，プロモーション方法，販売方法を検討する。これらの検討結果に基づき，企業は市場攻略・顧客へのアプローチのための「マーケティング戦略」を立案し実行する。

　すでに世の中はモノやサービスで溢れかえっており，顧客ニーズのほとんどは何らかの商品やサービスで満たされている。その結果，顧客ニーズはますます多様化し，付加価値の低い商品やサービスでは顧客の満足を獲得することは難しくなってきている。顧客1人ひとりが異なるニーズをもっているため，万人向けの特色のない商品やサービスでは顧客の期待を満たすことができなくなってきているのである。その結果，観光産業においても団体旅行に対するニーズは低下し，ありきたりのサービスしか提供できないようなホテル・旅館や飲食店は顧客に選ばれなくなってきている。

　また最近では，インターネット，携帯電話，スマートフォンなどの普及にともない，顧客自らが積極的に情報を発信・交換するようになってきている。自分たちの体験，商品やサービスに対する印象・評価，新たなニーズなどをブログやSNSなどさまざまなチャネルを通じて積極的に発信し，その評価が消費

者の行動に大きな影響を与えている。さらに消費者自らが，新商品や新サービスの開発にかかわることも珍しくなくなってきている。特に消費者が直接日常生活のなかで使用する消費財やサービスについては，多くの製造業者やサービス提供企業が消費者の発信する情報を積極的に活用し，それらを新たな商品やサービス開発に反映させている。

　このような傾向は，「おもてなし」においても例外ではなくなってきている。いまや人々は，さまざまな場面でさまざまな「おもてなし」を体験している。その結果，ホテルや旅館，レストランや小売店などが提供する「ありきたりの『おもてなし』」では顧客は満足しなくなってきているどころか，場合によっては顧客の期待を満たすことができず，結果的に顧客の満足度を下げてしまうことにもなりかねない。

　このような顧客とのミスマッチを防ぐためには，「自分たちがターゲットとしている顧客は誰なのか」，「その顧客は何を求めているのか」を改めて考え，「おもてなし」を再設計する必要がある。これこそがサービスにおいてマーケティングが必要とされる理由である。

　一方で「おもてなし」とはサービスであり，目にみえるものではない。サービスの基本的性格として，無形性，不可分性，異質性，消滅性があげられる。無形性とは，サービスは目にみえないものであることを意味する。そのため特許などでサービスを保護することはできないし，明確な表示や同一尺度による意思疎通もできない。原価の把握が困難であり，価格設定も難しいことが指摘されている。不可分性については，サービスへの消費者の参加が不可欠であり，サービスの大量生産や集中化が難しいことがあげられている。異質性とは，サービスは標準化や品質管理が難しいということである。消滅性とは，サービスは在庫をすることができず，提供と消費が同時に行われることを意味している（白井，2010）。

　このように「目に見える商品」とはまったくことなる特徴をもつ「おもてなし」について，マーケティングを行うためにはどのように考えるべきなのだろうか。本章では，「おもてなし」を顧客に届けるための考え方について，マー

ケティングの視点から考察していくこととする。

第2節 「おもてなし」とマーケティング

　まずはマーケティングとは何か，について考えてみる。アメリカ・マーケティング協会によればマーケティングとは「個人と組織の目的を満たすような交換を生み出すために，アイデアや財やサービスの考案から，価格設定，プロモーション，そして流通に至るまでを計画し実行するプロセス」である。この考え方に基づき，マーケティングを構造的に示すと図表9－1の通りとなる。

　最近のマーケティングでは，特にターゲット顧客との関係の構築が重要視されている。ターゲット顧客との関係を構築するためには，「顧客が何を望んでいるのか」を正しく理解し，その理解に基づいて顧客に対して「心地よい経験」を提供する必要がある。この「心地よい経験」はターゲット顧客との関係を強化する「ブランド構築」の源泉となる。つまり顧客に対して目にみえない価値

図表9－1　マーケティングの構造

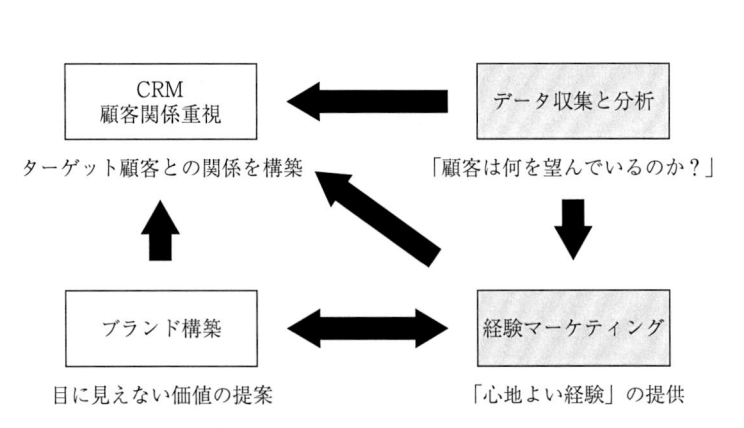

| 製　品 | 価　格 | 場所・チャネル | 促　進 |
| Product | Price | Place | Promotion |

```
   CRM              ←          データ収集と分析
   顧客関係重視                 
ターゲット顧客との関係を構築      「顧客は何を望んでいるのか？」
       ↑                              ↓
   ブランド構築      ↔          経験マーケティング
  目に見えない価値の提案          「心地よい経験」の提供
```

出所：宮崎（2006）より転記。

を提案するのである。

　お客様にとって最適な「おもてなし」とは何かを考える場合，図表9－1に示すマーケティングの構造に基づいて考えると「何をすべきか」が明確になる。「おもてなし」とは「顧客が望んでいるサービス」の提供である。「顧客が望んでいるサービス」を提供することにより，お客様は「心地よい経験」をすることができる。さらに「心地よい経験」がお客様に対する「目に見えない価値」となり，「心地よい経験」をさせてくれる場所，商品などがお客様にとっての「ブランド」となる。この「ブランド」がターゲット顧客との関係をさらに強化し，持続的なものとするのである。このように「おもてなし」は，ターゲット顧客との関係を構築するための重要な意味をもつのである。

　また「おもてなし」は，「もてなす側」と「もてなされる側」の双方向のやり取りである。ここでいう「もてなす側」とは，ホテル・旅館・レストラン・小売店などの観光産業とそこで働く従業員のことを指す。「もてなされる側」は言うまでもなく，そこを訪れるお客様である。つまり「おもてなし」は，「もてなす側」と「もてなされる側」が生み出す両方の目的を満たすような双方向のやり取り，と考えることができる。「もてなす側」の目的とは，さらなる顧客満足の獲得である。顧客満足が高まると，その顧客は「もてなす側」に愛着を感じ，きっと次もそこを訪れ，サービスを利用してくれるであろう。また顧客は「価格以上の価値」を感じることで，喜んでサービスに対する対価を支払ってくれる。その結果，「もてなす側」は経済的な利益を顧客から得ることが可能となる。一方「もてなされる側」の顧客は，「おもてなし」を通じて目的（＝期待）を達成する。しかし，顧客の「目的」は顧客によってさまざまである。そのため，標準化された「おもてなし」では顧客の目的＝期待にこたえることはできない。また顧客の期待は周囲の状況や場面によって大きく変化する可能性もある。それらを敏感に察知し，顧客の期待に応えなければならない。

　この「もてなす側」と「もてなされる側」の期待を満たすための双方向のやり取りを，「もてなす側」が考案しなければならない。また「おもてなし」そ

れ自体には価格はないが,「おもてなし」の価値は商品やサービスの提供価格の中に含まれることとなる。商品やサービスの価格設定は顧客の期待や事前評価に大きな影響を与えるとともに,事後評価の目安にもなる。したがって,「おもてなし」の良し悪しは商品やサービスの評価を決めるとともに,商品やサービスの利益率,ひいてはその会社全体の利益を左右することになる。

　また,お客様がその「おもてなし」に高い価値があると感じてくれる場合には,「おもてなし」を提供している側は,その「おもてなし」をプロモーションの材料として使用したいと考えるはずである。しかし,「おもてなし」は「もてなす側」と「もてなされる側」の双方向のやり取りであるため,この両者の接点が生まれなければプロモーションの材料になりにくいという難しさをもっている。「おもてなし」それ自体は商品などのように目にみえるものではないため,実際にお客様が体験して初めて価値をもつ。そのため単にお客様に対して「当店のおもてなしは素晴らしいです」ということを宣伝しても,高いプロモーション効果は期待できない。つまり「おもてなし」をプロモーション材料として使う場合には,目にみえるもの・形のあるものをプロモーションする方法とは異なるアプローチを取る必要がある。

　最後に「おもてなし」の「流通の設計」である。「流通の設計」とは,お客様の手元に商品を届ける方法をつくり上げることである。つまり「おもてなし」をどのようにお客様の手元に届ける仕組みをつくり上げるかが「流通の設計」となる。

第3節　「おもてなし」をマーケティング視点で設計する

　「おもてなし」をお客様に届けるための具体的な方法について,マーケティングの視点で考えていくこととする。

1.「おもてなし」の考案

　「おもてなし」の目的は,顧客満足の向上とリピーターの獲得による利益の

創出である。この目的を達成するためには，お客様にあった「おもてなし」を考案しなければならない。そのためには，まず自分たちのお客様を知ることからはじめる必要がある。

あなたが，あるホテルのオーナーだったと仮定しよう。リピーターを増やすためには宿泊してくれるお客様の満足度を高めなければならない。あなたは，まず何から考えるべきなのだろうか。

すでに世の中にはさまざまな「おもてなし」が存在している。そのなかには顧客から高い評価を得ているものも数多くある。それらの「おもてなし」を真似してみてはどうか，と考えるかもしれない。確かに，成功事例を真似ることは有効な手段である。しかしその前に考えなければならないことがある。「自分たちのお客様は何を求め，期待しているのか」，つまり「自分たちのお客様を知る」ということである。

お客様は，ある目的をもってあなたのホテルやお店を利用している。お客様がホテルやお店，レストランを選ぶ際には，お客様が達成したいと考えている目的に合致しているかどうか，という視点でみているのである。たとえば，休日に子どもたちと一緒に楽しみたい，好きな人と誰にも邪魔されない静かな時間を過ごしたい，自分の好きな時に起きて好きなものを食べたい，その場所でしか味わえない経験をしたい，などの目的から，それに合致したサービスを提供してくれると思われるホテル，お店，レストランを選ぶのである。お客様の期待は，「お客様の目的が達成されること」である。したがって，このお客様の目的を正しく理解することが「おもてなし」を考案するための第一歩となるのである。

ここで注意しなければならないことがある。もしあなたのホテルに「誰にも邪魔されずに静かに過ごしたい」というお客様Aと，「家族みんなで，できればホテルのスタッフとも一緒に楽しみたい」というお客様Bが混在していたらどうなるだろうか。お客様Aとお客様Bが求めるサービスや雰囲気は大きく異なっている。これを同時に提供することは難しいし，もし両方のお客様のニーズを満たそうとするとサービスや雰囲気は両方のお客様にとって中途半端なも

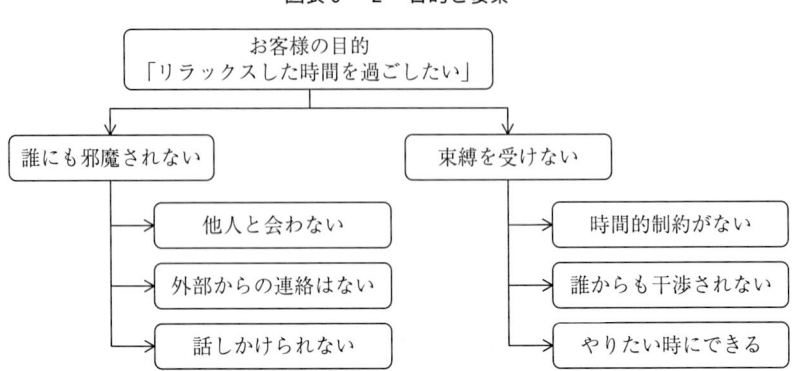

図表9－2　目的と要素

```
        お客様の目的
   「リラックスした時間を過ごしたい」
       ↓              ↓
  誰にも邪魔されない    束縛を受けない
    → 他人と会わない    → 時間的制約がない
    → 外部からの連絡はない → 誰からも干渉されない
    → 話しかけられない   → やりたい時にできる
```

のとなってしまう。その結果，両方のお客様の顧客満足度は低いものになるだろう。

　このような状況になることを防ぐためにはターゲティングが必要である。ターゲティングとは，対象となるお客様を絞り込むことである。対象となるお客様を絞り込むことにより，そのお客様のニーズに特化したサービスや雰囲気，「おもてなし」を提供することが可能となる。

　対象となるお客様を明確化したら，彼らの「目的」が何かを考えてみよう。ここで重要なのは，お客様の目的はさまざまな要素が絡み合ってできている，ということである。お客様の目的が「リラックスした時間を過ごしたい」であるとする。この「リラックスした時間を過ごしたい」という目的を要素に分解すると，たとえば図表9－2のような要素が明らかになってくる。つまり，これらの要素が満たされなければお客様の目的は達成されないのである。

　これらの要素が「おもてなし」を考案する際には非常に重要なものとなる。お客様にとって最適な「おもてなし」とは，お客様の目的と合致したものであり，お客様の目的達成に寄与するものである。したがって，これらお客様の目的を達成するための要素に合致した「おもてなし」方法を考えなければならないのである。

　たとえば，図表9－2の例によれば，お客様は「話しかけられる」ことを望

んでいない。ということは，たとえばホテルや旅館の場合であれば，お客様が一度客室に入ったら，その時点で滞在中にお客様に必要なものはすべて揃っている，という状態をつくり上げておかなければならない。しかも「時間的制約」を嫌うため，食事なども食べたい時に食べられるサービスが必要となる。さらに，「お客様にいわれる前にやっておく」ということを徹底しておく必要があるだろう。このようなお客様に対するサービス提供の仕組みも，すべて「おもてなし」を構成することとなる。

　お客様の「目的」，「期待」が何なのかを考え，それを構成する要素を明確化し，その要素を満たすための方法を創り出すことが，マーケティング的な視点に基づく「おもてなし」の考案方法である。「おもてなし」は提供する側の自己満足であってはならない。また他で成功している「おもてなし」の事例が，自分たちのお客様に合致しているとも限らない。自分たちのお客様を自分たちで深く考え，分析することが重要である。

2．「おもてなし」の価格

　「おもてなし」それ自体には価格はない。しかし，「おもてなし」の価値はサービス料や商品の価格に大きな影響を与える。そのような意味では，サービス料・宿泊料・商品の値段などに「おもてなし」の価格が含まれている，と考えることができるであろう。つまり，「おもてなし」それ自体に価格をつけてお客様より徴収することはできないが，「おもてなし」によってサービス料・宿泊料・商品の値段などを高く設定することは可能となるのである。

　素晴らしい「おもてなし」，つまりお客様が「目的」を達成し，「期待を超える満足感」を味わえるような「おもてなし」を提供することができれば，お客様は喜んで高い料金を支払ってくれるであろう。しかしサービスの内容がお客様の「目的」や「期待」に合致していなければ，どんなに手の込んだサービスを提供してもお客様は価値を認めず，料金を支払おうとは思わないであろう。また，お客様が料金を「妥当だ」と思わなかったら，「おもてなし」には満足したが料金的には不満だ，となってしまい，二度と利用してくれないかもしれ

図表9－3　お客様の意思決定フロー

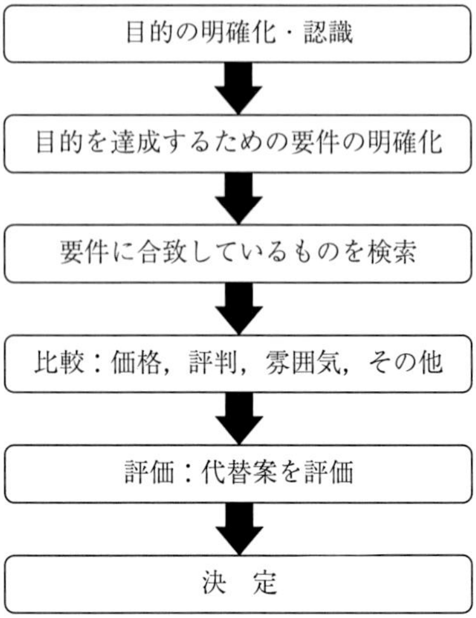

```
┌─────────────────────┐
│　目的の明確化・認識　│
└─────────┬───────────┘
          ▼
┌─────────────────────┐
│目的を達成するための要件の明確化│
└─────────┬───────────┘
          ▼
┌─────────────────────┐
│要件に合致しているものを検索│
└─────────┬───────────┘
          ▼
┌─────────────────────┐
│比較：価格，評判，雰囲気，その他│
└─────────┬───────────┘
          ▼
┌─────────────────────┐
│　評価：代替案を評価　│
└─────────┬───────────┘
          ▼
┌─────────────────────┐
│　　　　決　定　　　　│
└─────────────────────┘
```

ない。

　このようなお客様とのミスマッチを防ぐためには，「おもてなし」を含めた「価格設定」を適切に行う必要がある。サービスの価格決定の基準としては，コスト・プラス（費用のつみあげ），ROI（return on investment：投資収益率，投資に対する効果），政府の規制（バス・タクシー等の許認可運賃など），企業の方針，サービス提供者の負荷の程度，戦略的な価格差などがある（白井，2010）。確かにこれらの方法での価格設定は可能であるが，これらは「おもてなし」を提供する側の視点である。ここでは，「おもてなし」を受けるお客様の視点で考えてみたい。

　図表9－3はお客様の意思決定のフローを表している。お客様は意思決定に際してまずは目的を明確化する。次に，その目的を達成するための要件を明らかにし，その要件に合致しているものを探索していく。探索の結果得られた情報に基づき，価格，評判，雰囲気などを考慮しながら代替案を評価して意思決定をする。

　ここで重要なのは，お客様は価格が妥当であるかどうかを判断する際に代替

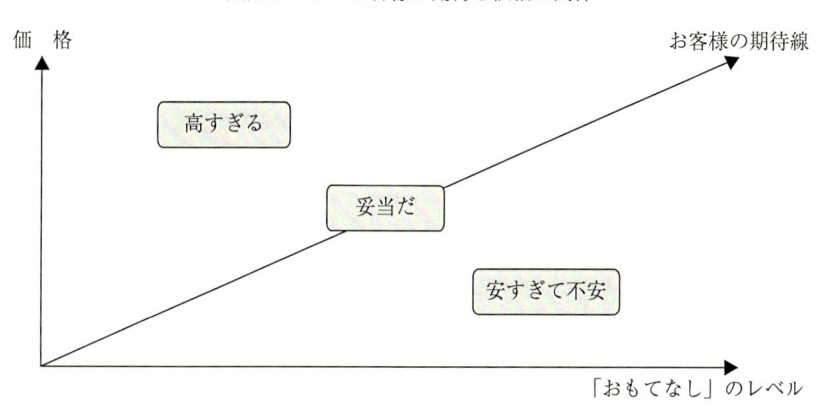

図表9－4　お客様の期待と価格の関係

（縦軸：価格、横軸：「おもてなし」のレベル、右上がりの「お客様の期待線」。領域分けとして「高すぎる」（左上）、「妥当だ」（線上）、「安すぎて不安」（右下））

案との比較検討を行う，ということである。「おもてなし」はさまざまなサービスの束であると考えられる。また「おもてなし」は無形であり，お客様自らが体験しなければそれを判断することができない。したがって，お客様は過去に自分が体験した「おもてなし」の記憶や，自分が体験したことのないものについては他人の評価を参考にして，これから体験するであろう「おもてなし」を含むサービスの価格は妥当かどうかを判断するのである。

　お客様の期待と価格の関係を図に表すと図表9－4の通りとなる。お客様は過去の体験や他人の情報などから，価格と「おもてなし」のレベルの関係を想定して「お客様の期待線」というものをつくり出す。この「期待線」を中心に価格を判断することになる。つまり，「お客様の期待線」上の価格と「おもてなし」のレベルであれば，お客様はその価格を妥当であると判断する。しかし，価格が「お客様の期待線」よりも高ければ「価格が高すぎる」と感じる。一方で，事前に「おもてなし」のレベルは高いことを期待させるにもかかわらず，設定されている価格が低すぎる場合には，「お客様の期待線」よりも下に価格がくることから，お客様は「安すぎて不安」と感じてしまう可能性がある。

　つまり「おもてなし」の価格を考える場合には，お客様の期待線上の価格設定が必要になる。「おもてなし」の価格が妥当かどうかを判断するのはお客様

自身であり,「おもてなし」を提供する側ではないのである。

　以上の考え方に基づけば,「おもてなし」の価格を適切に設定するためには,「お客様の期待線」を理解しなければならない。それでは,「お客様の期待線」を理解するためにはどのようにすればよいのだろうか。

　この答えは市場とお客様のなかにある。「お客様の期待線」はお客様自身の過去の経験や市場から提供されるさまざまな情報により創り出される。したがって「おもてなし」を提供する側も,お客様と同じように「おもてなし」を体験し,市場から提供されるさまざまな情報を集めて比較評価する必要がある。自分たちと同じようなコンセプトを掲げ,似たようなターゲット層を対象としている他社の「おもてなし」を自ら直接体験し,その価格を知ることで「お客様の期待線」を自分たちのなかにつくり上げていくのである。自分たちが「お客様」の立場に立つことでみえてくるものがたくさんある。

　ビジネスをするうえで,「お客様の立場に立つ」ということは非常に重要であり,誰もが理解していることである。しかし本当にお客様を理解するためには,自分たちも「お客様」になって,「お客様」の目線で,「お客様」と同じ体験をし,「お客様」と同じ情報をもたなければならないのではないだろうか。特に「おもてなし」という目にみえない価値を創造し,それをお客様に提供して利益を得るためには,自分たちの立場で価格設定をするのではなく,あくまでもお客様の視点で「おもてなし」の市場価値を判断し,それに基づいて価格設定をする必要がある。

　価格設定ができたら,それを超える「おもてなし」を提供するように努力することはいうまでもない。価格設定以上の「おもてなし」の価値をお客様が体験した場合,前述の「お客様の期待線」は右下にシフトしてくる。その結果,お客様は競合する他店や他のホテル・レストランのサービスを「高い」と感じることとなる。これにより実際には価格を引き下げなくても,ライバルに対して高い価格競争力を手に入れることができる。「おもてなし」は無形性,不可分性,異質性,消滅性が高いものである。そのため,ライバルは簡単に真似をすることができない。つまり,「おもてなし」を強化することで得られた「価

格競争力」は持続的な競争優位を獲得することにつながるのである。

3.「おもてなし」のプロモーション

　プロモーションを考えるうえで重要なことは,「何を伝えるか」ということと「どのように伝えるか」,さらに「誰に伝えるか」である。前述の通り「おもてなし」は無形性,不可分性,異質性,消滅性という4つの特徴をもつ。そのため,プロモーションにおいても目にみえる商品のプロモーションとは全く異なる方法を取る必要がある。

　具体的なプロモーション方法としては,新聞や出版物,TVなどのメディアを活用したパブリシティがある。これは広告とは違い,メディアに記事として取り上げてもらう方法である。広告の場合には,どうしても広告主による「宣伝」というイメージが強くなってしまう。その結果,広告をみたお客様は「良いことは書いてあるが,広告だから当たり前だ」と受け取ってしまいかねない。これに対してパブリシティは,広告ではなく第三者による情報提供という形をとる。情報を提供する第三者の信用が高ければ,その内容も信用の高いものとなる。

　またパブリシティ以外には,無形財であるサービスの内容を,有形財を通じてイメージとして伝えていく方法がある。たとえば,従業員の制服,建物の外観,調度品などを通じて自分たちの「おもてなし」の内容と品質の高さをアピールすることができる。したがって,「おもてなし」のコンセプトに合致した店舗づくり,制服などが重要となってくる。

　さらに最近ではインターネットの普及にともない,実際にサービスを利用した顧客の評価も重要なプロモーション手段となっている。お客様自らが発信した情報は,お客様目線での評価である。したがって,情報の受け手も信憑性の高い情報として受け止める。インターネット上にはさまざまな口コミサイトやブログが多数存在する。消費者はこれらのツールを使い,さまざまな情報を発信する。そのため,お客様に対する「おもてなし」を精一杯行うことがプロモーションへと繋がっていくこととなる。

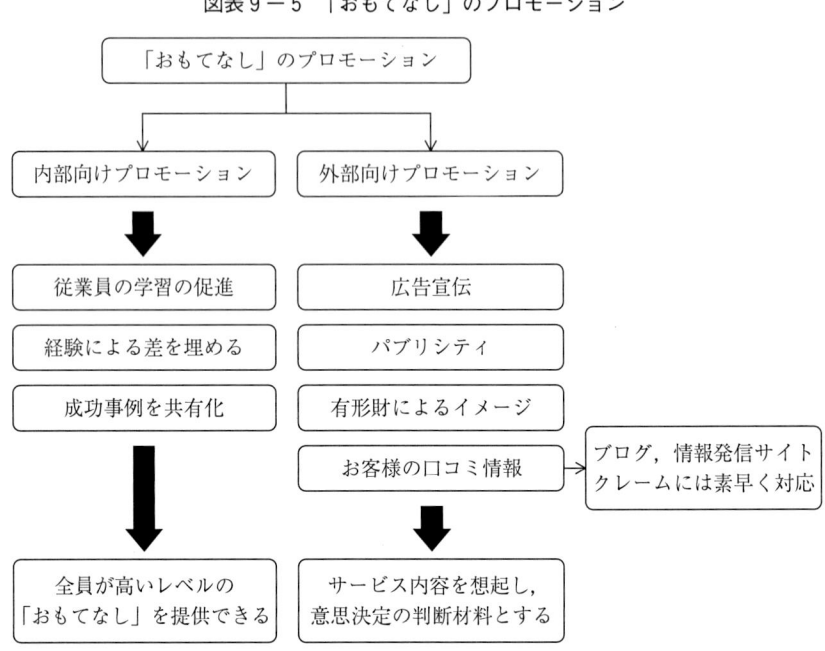

図表9-5 「おもてなし」のプロモーション

```
            ┌─────────────────────────┐
            │「おもてなし」のプロモーション│
            └─────────────────────────┘
              ↓                      ↓
    ┌──────────────────┐   ┌──────────────────┐
    │内部向けプロモーション│   │外部向けプロモーション│
    └──────────────────┘   └──────────────────┘
              ↓                      ↓
    ┌──────────────────┐   ┌──────────────────┐
    │従業員の学習の促進  │   │広告宣伝          │
    └──────────────────┘   └──────────────────┘
    ┌──────────────────┐   ┌──────────────────┐
    │経験による差を埋める│   │パブリシティ      │
    └──────────────────┘   └──────────────────┘
    ┌──────────────────┐   ┌──────────────────┐    ┌──────────────────┐
    │成功事例を共有化    │   │有形財によるイメージ│    │ブログ，情報発信サイト│
    └──────────────────┘   └──────────────────┘    │クレームには素早く対応│
                           ┌──────────────────┐    └──────────────────┘
                           │お客様の口コミ情報  │→
                           └──────────────────┘
              ↓                      ↓
    ┌──────────────────┐   ┌──────────────────┐
    │全員が高いレベルの  │   │サービス内容を想起し，│
    │「おもてなし」を提供できる│ │意思決定の判断材料とする│
    └──────────────────┘   └──────────────────┘
```

　もちろん事業者にとって有り難いのは，自社の「おもてなし」に対する好意的な発言である。しかし情報の発信元はお客様自身であるため，よい情報のみならず事業者にとっては耳の痛い厳しい情報も発信されることとなる。このような情報については，お客様の声として真摯に受け止め，早急に対応することは必須である。このお客様の厳しい指摘に対する事業者の対応もまた，さまざまなお客様がみているのである。事業者がすぐに対策を講じた場合には，お客様の評価が高まり好意的な情報発信へと繋がる可能性がある。一方で対応が遅れた場合には，さらに厳しい発言が出てくる可能性が高くなる。このように現代のインターネットが普及した社会においては，以前にも増して事業者の行動そのものがプロモーションの一角を担うようになってきている。

　以上は外部に対する「おもてなし」のプロモーション方法であるが，同時に内部に対する「おもてなし」のプロモーションも検討する必要がある。「おも

てなし」は人が人に提供するサービスである。そこには「おもてなし」を提供する側と提供される側の相互のやり取りが存在する。お客様の状況やその場面によってさまざまな「おもてなし」が提供される。「おもてなし」は完全に標準化したりマニュアル化したりすることはできない。したがって「おもてなし」の品質は「おもてなし」を提供する人の個人技量に負うところが大きい。つまり「おもてなし」の品質を高めるためには，個人のノウハウや経験を通じた学習が重要なのである。

　この1人ひとりの経験の差によるサービスのバラツキを少なくし，従業員1人ひとりの経験を共有するために，社内における「おもてなし」のプロモーションを徹底すべきである。具体的には，従業員が実施した「おもてなし」の事例をまとめて社内で共有化するのである。方法としては，定期的に開かれるミーティングで報告してもよいし，電子メールや電子掲示板で情報を共有化してもよい。このような情報の共有化を通じて，社員同士が学び合うことが重要である。さらに，この事例紹介をより活性化するために，素晴らしい事例については表彰するなどのインセンティブを与えることも効果的である。

4．「おもてなし」をお客様に届ける

　「おもてなし」は，もてなす側とお客様による双方向のやり取りにより創出され提供される。したがって「おもてなし」は創り出されると同時にお客様に提供されるのである。別の見方をすれば，お客様と接する場面は全て「おもてなし」をお客様に届ける場面なのである。

　ここでも重要なことは，お客様の目的を理解し，その目的達成に向けて「おもてなし」を届けるということである。しかし，お客様の目的はさまざまであり，またそれを確実に把握することは難しい。この問題を解決するためには，どうすればよいだろうか。

　これを解決するためには，お客様から導き出したい反応という視点で「何をすべきか」を考える，というアプローチが有効である。状況や人によって求める「おもてなし」の内容も異なるため，前述の通り「おもてなし」を標準化し

たりマニュアル化したりすることはできない。そもそも「おもてなし」の目的は，お客様の目的・期待の達成である。したがって，「お客様にどのように感じていただきたいか」という視点で「おもてなし」を考える必要がある。「何をすべきか」という視点で考えてしまうと，「実施すべきこと」が先に立ってしまい「お客様中心」ではなく「もてなす側中心」の行動に陥りやすい。

たとえば，ホテルのチェックインの場面では，お客様にどのように感じていただきたいだろうか。たとえば，お客様に「リラックスできそうだ」，「細やかな気配りに溢れているようだ」，「居心地がよさそうだ」，といった感情を抱いていいただきたいと考えるとしよう。まず重要なことは，お客様から導き出したい気持ち・反応を関係者全員で共有化することである。これにより，お客様の状況から今何をすべきかを的確に判断し，そこで取るべき行動に結びつけて考えることができる。たとえば，ホテルに小学生ぐらいの子どもがいる家族が到着してきたとする。夕方なので子どもは疲れている様子である。またタイミングが悪く，チェックインカウンターも混んでいる。このような場面において，「お客様から導き出したい気持ち・反応」が全関係者で共有化できていれば，さまざまな「おもてなし」の選択肢が思い浮かぶだろう。あるスタッフは子どもにジュースを用意するかもしれない。また別のスタッフは子どもと母親のためにゆっくりと座れるスペースを確保するかもしれない。このように，状況に応じて「もてなす側」がお客様のことを考え，それにふさわしい行動を取れるようにする必要がある。

また，お客様が接するすべての場面は「おもてなし」を提供するチャネルであると考えるべきである。お客様が接するのは人だけではない。お客様の五感に触れるすべてが「おもてなし」を提供する機会なのである。

「お客様が何を望んでいるのか」を考えると同時に，「お客様にどう感じていただきたいか」という視点から考えることで，「お客様にいわれた」から行動するのではなく，お客様に積極的にかかわっていくことが可能となる。お客様に積極的にかかわることで，お客様のニーズを把握し，心地よい経験を提供することができるようになる。これにより，お客様との関係を構築することがで

きるのである。

第4節　おわりに

　「おもてなし」をお客様の心に届けるための考え方と方法について，マーケティングの視点から検討を行った。マーケティングの視点から考えるということは，お客様の視点で考え，お客様や市場の変化に対応して新たな価値を創り出すということである。

　観光産業でも顧客満足度が重要視され，それを獲得するための様々なサービスが開発されている。また地域ぐるみで観光客に対してホスピタリティ溢れる接客をしていこう，という取り組みもみられる。その際に重要なのは，お客様との関係をいかに構築するかということである。お客様との関係を構築するためには，お客様が何を考え，何を期待しているのかを理解しなければならない。そのためには，お客様と同じ立場にたってお客様が何を基準に意思決定しているのかを経験するべきである。

　具体的には「おもてなし」を提供する側も，たまにはお客様として「おもてなし」を受ける側に回りお客様と同じ目線で市場を評価する必要があろう。そのような経験を通じて，目にみえない「おもてなし」の市場価格を把握するとともに，世の中の変化，顧客の変化を感じ取らなければならない。

　世の中の変化とともにお客様の期待も変わっていく。このお客様の変化を把握することが新しい「おもてなし」の開発につながり，ほかでは真似のできないサービスやその事業者にしか創り出すことができない雰囲気を実現することになる。これが他社との差別化を実現し，ブランド力の強化につながり，お客様との関係性をより強固なものにしてくれるのである。

COLUMN 05　古いものを残しておもてなし

　古いモノにはパワーがある。古いモノを破壊し，新しいモノをつくり続けた時代から，時代を経て存在し続けたモノの価値に気づき，そのパワーを活かす時代へ。ただ保存するだけでなく，その使命を終えたモノにアイディアとデザインの力によって新しい機能と生命を与える。古い土台のうえに新しいモノが蓄積されてこそ本当の進歩がある。その不断の連続性こそが文化の形となる。

　造り酒屋の息子は得てして古いものが嫌いだ。それは，余りにも古いものに囲まれて過ごしているから，新しいものへの憧れがあるからだろう。僕が真逆なのは，祖父が極度の新しもの好きだったせいだ。僕が小さい頃，古く格式のある母屋を壊して建てた終の棲家は，当時最新式の小さなプレハブ住宅だった。いつの頃からか気がついたら，古いものをみるとキュンとくるようになってしまった。それも，立派な骨董品ではなく，誰からも気がつかれず朽ちていきそうなものたちに。

　大学を卒業し，アメリカへ留学中（社会勉強のため，学校を中退し放浪の旅をしていた）母からの連絡で，家業の危機を知る。父は祖父の影響か蔵元を継がずスポーツ事業を興していたため，跡継ぎが自分しかいない。今まで何の魅力も感じなかった蔵元という家業が，朽ちて価値がなくなったもの（すなわち僕にとっての宝物）にみえてきた。しかも，「湘南に残された最後の造り酒屋」なんて，キュンとくるではないか。

　かつて蔵元は地域文化の担い手として存在している時代があった。フランスのワイナリーやドイツのブリュワリーは現在でもそうだが，日本ではいつしか単に小規模食品メーカーとなってしまっていた。蔵元を継いだ僕は，熊澤酒造が造り酒屋に適しているとはいえない湘南地域で存続していく価値を得るには，地域文化の担い手になるしかないと思った。祖先から受け継いだ敷地を工場としてだけでなく，地域の人たちが集まれる場所，そして何かが生まれる場所，発信される場所にしようと。

現在，熊澤酒造の敷地には，酒蔵のほかに，ビール工場，瓶詰出荷場，パン工房，ソーセージ工房，洋食レストランと和食レストラン，ギャラリーショップがあり，一見テーマパークのようだとよくいわれる。日本のテーマパークは，何もないところに突然いろいろな物が飛んできたようにでき上がる開発事業的な感じがして嫌だ。僕が入社以来取り組んできたのはいわば発掘業である。敷地内には長い歴史のなかで培われた建物や醸造技術，また山や井戸水などの資源があり，その1つひとつを掘り出して新しい魂を入れることで再び輝き出すといった「根っこから生えてきた事業」のイメージである。

　古いものを保存するだけでは，博物館になってしまう。日本酒は伝統技術の伝承だけに特化すれば，現在の食生活には合わない味になってしまうように。熊澤酒造では日本酒を現在の湘南地域の食文化に適した味わいに進化させるだけでなく，その醸造・発酵技術を応用しビール，パン，ピッツァ，ソーセージを生み出した。そして，それらの生産物を楽しんでもらうために，敷地内に残されていた建物を利活用したレストランをつくったわけである。自家製品以外では，地域の農産物（野菜，豚肉，牛肉，魚介類）をレストランで使うのはもちろん，明治時代に桶工房だった倉庫を改修して地元のアーティストや工芸作家の作品を発表し購入できる場もつくった。

　こうした取り組みが徐々に，地域の人々にとって，遠方からいらした友人知人などへのおもてなしの場として評価していただけるようになってきたのが，何よりうれしい。

　なにせ，僕らの一番大事なテーマが「Local Pride（地域の誇り）」なものだから。そして，今後50年，100年と継続していくことで，この町に熊澤酒造という蔵元があってよかった，と未来の地域の人々に思ってもらえる会社にしていきたいと思っている。

第Ⅳ部

資源発掘からツアーづくりへ
―手づくりのぬくもりを届ける―

第10章
宝探しから宝磨きへ

第1節　はじめに —— 魅力は足元にある

　観光の語源は，「観国之光」＝国の光を観る，である。国とは地域，光とはその土地にあってかけがえのないもの，光り輝いてみえるものをさす。易経は'光り輝く地には，その地の王の徳をたたえて多くの人が集い，国は栄えるだろう'と告げる。観光の語源をここに引いた者は天才である。本章では，この「光」を掘り起こし，そこから観光へと昇華させていくプロセスを取り上げる。

　今から120年前の明治22（1889）年，日本には7万1,314の町や村が存在した（総務省HP http://www.soumu.go.jp/gapei/gapei2.html）。いわゆる「集落」であるが，現在のように行政単位である市町村ではなく，自然村としての集落の結束が生きていた時代であり，集落で営む種々の生業が地域経済を支える源であった。生業の母体は，これらの集落を形成していた人々であった。この数は，本来そのぐらい地域というものは多様であったことを意味している。戦後の高度経済成長期に農村地域から都市部への人口流入が活発になると，地方都市は過疎化・少子化・高齢化が進み，第一次産業などの地場の生業を放棄してリゾート開発などの中央発の政策に地域振興を委ねざるを得ない状況が生まれた。かつては当たり前に存在していた郷土の風土が急速に損なわれている。翻って2011年8月現在，市町村の数は1,723にまで減少した。平成の大合併である。ここ数年，激化する合併の陰で忘れ去られていく旧市町村のことが話題に上るが，それ以上に多くの集落が消えて行っていたのだ。

そのような社会変化のなかで，地域に残された自然や生活文化などの足下の資源を「地域の宝」として掘り起こし，地域を再活性化する動きが顕著になっている。「宝探し」や「あるもの探し」「地元学」「エコミュージアムづくり」など呼称は多様であるが，地域を形成してきた固有の自然や風俗，生活習慣，名人，生業などに再度目を向け，光らせようという活動である。

第2節　二戸市ではじまった「宝探し」

1．経　緯

　「宝探し」は，1992年度から岩手県二戸市が取り組んだ「楽しく美しいまちづくり事業」の通称である。前市長の小原豊明氏が就任時の公約としてスタートさせた。二戸市は人口32,000人の青森県に接する北東北の小都市である。その頃，東北新幹線の延伸にともなう新駅建設決定を受け各駅停車が停まらない駅となり，東北全域と短時間で結ばれることになることが決まった。一見望ましいが，二戸らしさが保てるのだろうか。市は「自分たちのまちの魅力を失わずに新幹線を受け入れるにはどうすればよいか」という課題に取り組むことになった。多くの東北の自治体と同様，二戸市もまた高齢化と人口の減少，財源の枯渇，活力の低下に直面していた。市民にきいても「何もねえし」とつれない。市民自身が希望を失いかけていることに危機感を感じた小原氏は一計を案じ，市民が再び二戸市に誇りと自信と希望をもてるようになるプロジェクトを考案した。それが「楽しく美しいまちづくり事業」，通称「市民の宝探し」であった。無駄な経費を使わず，行政頼みでもなく，老若男女問わず市民が参加できるプロジェクトとして市長はさっそく企画課と教育委員会の職員に相談した。「市民が自慢したいもの探して威張れるんだったら，やりたい者集めてやってみっか」「やってみっか，おもしろそうだし」。とてもフットワークよく市民への呼びかけが開始された。

　1992年6月，「おもしろそうだ」と手をあげた市民と市職員30名ずつで，さっそく「楽しく美しいまちづくり推進委員会」が結成された。条件は，市職

図表10-1　二戸市「楽しく美しいまちづくり委員会」

自然 [生存基盤] 共に生きる 仲間探し	生活環境 [知恵] いきるため の知恵	歴史・文化 [交流] 先人の足跡 を辿る	産業 [発信] 外部世界へ の発信	名人 [継承] 地域の知恵 袋	要望 [エネルギー] 未来へのエ ネルギー
人間が住むはるか以前からどのような生き物が住み，環境を作り上げてきたのか。	人は自然とどのようにつき合い，集団として生きてきたのか。	先人はどのように人・物・文化の交流を盛んにし，知恵を蓄えてきたのか。	産業の技術の蓄積，移り変わり，新しく興っている産業は，どのようなものがあるか，産業はどのようにして外部世界に発信されたのか。	先人の知恵や技の受け継ぎと伝承。	潜在的エネルギー（要望）の体系化。望ましい未来社会の形成。
・地形，河川，山 ・動　物 ・植　物 ・化　石　等	・景　観 ・料理，薬草 ・信仰，祭 ・これらが統合された地域の知恵と特色	・先人の足跡を辿る。 ・街道＝交流の道をたどる。	・伝統技術 ・伝統工芸 ・特産品　等	・地域の社会を支えてきた人 ・地域の精神を支えてきた人 ・地域の新しい世界をつくろうとしている人	・現状の問題点解決型 ・アメニティ創造型　等

```
┌──────┬──────┬──────┬──────┬──────┬──────┐
│ 自然 │生活環境│歴史・文化│ 産業 │ 名人 │ 要望 │
└──┬───┴──┬───┴──┬───┴──┬───┴──┬───┴──┬───┘
   └──────┴──────┼──────┴──────┴──────┘
           楽しく美しいまちづくり委員会
```

出所：二戸市資料を基に著者作成。

員は異動があってもこの委員会をはずれないこと，部長など上級管理職になったら抜けること，若手職員が参加することなどである。同委員会は，自然・生活文化・歴史・産業・名人・要望の6分科会（それぞれ市民・市職員5名ずつ）に分かれた（図表10-1）。

　宝について，広辞苑による定義をみると，
　　資源：生産活動のもとになる物資，水力，労働力などの総称
　　宝　：宝・財・貨・幣。①貴重な品物。大切な財物。宝物。財宝。②かね。
　　　　　金銭。財貨。
とある。すなわち，資源は生産活動に必要なもの，役立つものであり，有用性が問われるが，宝の価値は主観的なものであり，宝と思う人が価値を決める。宝は主観的だが資源は目的合理性によって評価される。したがって，宝は，そ

れを宝と思う人（個人・集団・共同体など）の思いがこめられており，「思い」こそが，宝を引き出すカギとなる。では「思い」とは何かといえば，これまでの人と宝とのかかわりやつながりである。資源においては，人の「思い」は問われない。上記から，宝の特徴を引き出すとすれば，

① 人の思いが宝を決める
② ながい時間をかけてその人とかかわりやつながりを保ってきた
③ 宝どうしの間には優劣はない
④ 宝は必ずしも有用性を問われない
⑤ 宝は地域の生活文化の体系をあらわす

すなわち，「宝」は人の顔がみえるのだ。だから，誰でも探すことができる。

2．宝探しのフレーム

上述した宝の分科会のテーマを宝探しのフレームと呼んでいる。宝探しのフレームは，地域の宝を掘り起こしていく際のおおまかな糸口のようなもので，地域を形成するさまざまなレイヤーと考えることができる。概ね次のようなものである。

（1）第1フレーム：自然 —— 共に生きる仲間

地域に人々が住み，生業をおこし，文化を築いてきた礎は，その土地にある自然である。さかのぼれば，人は水や森，生物などの自然環境があったからこそ，そこに居住することを選んだ。自然を土台として生活を営んできたのであり，自然は人間にとってともに生きてきた仲間である。地域の自然とは，その土地にしかない特徴ある動植物や，風，気象，景観などである。

（2）第2フレーム：生活の知恵 —— 生きるための知恵の体系

地域で自然に適した生活を営むなかで，人々は自然災害を乗り越え，危機を生き延びる知恵や，より生きやすくする方法を知恵として蓄積し，子孫に伝承してきた。人が自然とともに生きる知恵は，恵みに感謝し神に祈るところから

はじまり，集団間で共有し，地域固有の風土を形成してきた。自然とのようにつきあい，集団をどうやって持続させてきたのかが，生活の知恵の宝である。その知恵は，生活の日常のなかで伝えられる場合もあれば，祭事や行事のなかで伝えられる場合もある。どのように生活を営んできたのか，という問いのなかから探り出すことができる。

（3）第3フレーム：歴史・文化 ── 先人の足跡

　自然とのかかわりのなかで連綿と暮らしが営まれ，知恵が培われていくなかで，地域と地域外の交流がはじまる。川や道を通して人・モノ・文化の交流がなされ，時には戦いや災害なども伝えられた。それらが語り継がれるなかで，地域の人々がどのように暮らし，時代を超えてきたのか，という地域固有の歴史が形づくられる。先人の足跡は，現在の人々にとって先祖からの贈り物である。この土地に，過去どのような人がいたのか，どこから来てどこへ行ったのか，残されてきたものは何なのかなどを聞き出すことによって，地域の歴史をひも解くことができる。

（4）第4フレーム：産業 ── 外部世界への発信

　産業とは，地域で生まれ，外の世界に向けて発信されたものである。その地域の外にはなく，価値が認められ，求められ，受け入れられるものが産業となる。産業のなかには伝統工芸や伝統技術などの個人のものから，地場産業としてある程度の量産ができるものまでさまざまであるが，地域に経済をもたらし，新しい情報や技術をとりいれるコミュニケーションのツールとなる。同時に，産業は地域を象徴する顔であり，その土地の資源や人を伝える大切なメディアである。地域のなかで，どこで，だれが，どのような生業を興し，移り変わってきたのかを探ることから，産業の宝を探ることができる。

（5）第5フレーム：名人 ── 地域の知恵袋

　以上の4つのフレームは，いずれも，この地域の「人」にたどりつく。その

人たちが地域で何をし，何を創り，後世に伝えてきたのかが，現在の地域のありように結晶となっている。地域をいかす知恵や技などをもっているのは，その地域の「名人」である。名人は，先人や地域の宝を生かして現在に生き，次の世代に伝えるべきものをもつ人であり，地域の知恵袋である。知恵や技を通して社会を支えたり，地域の人を精神的に支えたり，新しい世界を創ろうとしている人が名人である。名人は，その地域の自然や生活，文化，歴史をとらえ，将来や外部世界に発信している，その「思い」を聞くことが，地域の宝の最たるものといえる。

3．宝探しの段階的な進め方

二戸市では，次のように手順を踏み，ゆっくりと宝探しを進めてきた。

（1）まずは歩いてみる

初期には，各分科会メンバーで週1回集まり，市民が自慢や誇りだと思うものを「市民の宝」と命名して，それぞれが宝だと思うものを訪ね歩いた。思いつくことをとりあえずはじめてみるという段階である。この時，市職員のなかにも隠れた名人や玄人はだしの専門家が「発見」されるというハプニングがあり，手探りではじめたら鉱脈に行き当たったという幸運が続いた。戸籍担当の職員が湧水探しの名人だったり，若手職員の母親が郷土菓子のつくり手だったりしたのである。

（2）ヒアリング調査

続いて各分野の専門家や知識人，名人などのキーパーソンを市民から探し出し，分科会メンバー全員でヒアリングに行き，取りまとめる作業を行った。宝探しは単なるリストづくりではない。二戸市になぜその宝があるのか，そもそもその宝はどんな意味があるのかといった掘り下げを行いながら，宝の奥深さを全員が理解するように努めた。

（3）アンケート調査

この作業を通して，委員自身が市民に対して宝探しの趣旨を説明できるようになった。その段階を見計らって，市民全戸を対象に「二戸の宝アンケート」を実施した（図表10-2）。地区ごとに職員が出向き，各戸に手渡しで配布し，その際必ず家族全員で答えてくれるように頼んだ。集まった宝の数は計7,371件。分科会で集計し，裏付け調査を経たのち，①分布図，②写真集，③資料集などの形に整理した。ここまでで2年間を費やしている。

（4）市民向け発表会

1994年3月に，市民ホールで「第1回宝発表会」を開催した。実物展示や踊りの披露，調査結果の掲示などがにぎやかに行われた。発表会も，実は宝探しの場である。1つのエピソードとして「贋金づくり」がある。「生活の宝」の調査中に，「銭座節」の唄と踊りが浮かび上がり，発表会場で披露された。すると，終演後に「贋金づくりの現場知ってるか」と委員会を訪ねてきた市民がいた。あの踊りは実話だというのである。マタギ（猟師）だという彼に後日案内してもらったところ，南部藩と津軽藩の境に，作業場であったとおぼしき場所があり，周囲に残骸が残っていた。掘り起こされた宝にさまざまな手や人が関わって，再び姿かたちを蘇らせたのである。このように，市民に対して宝を開き，共有したうえで今後どう活用するかの検討がはじまった。

（5）のれん分け

活用のアイデアが商品開発という形で結実していった宝もある。一例が「雑穀」である。二戸市はしばしば冷害に見舞われた土地であり，コメが育たないのでアワ，ヒエ，ムギなどの雑穀が主食だった。貧しい寒村の恥として，なかなか雑穀の存在が浮かび上がってこなかったが，ある時，危機管理の話題から雑穀食の存在が明らかとなった。その後の調査で，世界保健機構（WHO）が，二戸地域が長寿であることと雑食を関連づける論文を発表していたことがわかり，俄然，宝の筆頭へと位置づけが変わったのである。市は「雑穀」を郷土文

図表10-2　宝探しアンケート①（一部）

市民の皆さまにおかれましては、日頃より市政にご協力いただきまして深く感謝申し上げます。

このたび、快適で住みよい二戸市をつくるため、「楽しく美しいまちづくり計画」を策定いたします。この計画は、市民の皆さまから意見や知恵を出していただき、様々な角度からわたしたちのまちを見直すとともに、活性化を進めていこうとするものです。

この作業のひとつとして、今回、「わたしの宝さがし」調査を実施することになりました。皆さまが日頃体験したことや感じていることについて。

あなた自身が

| 大切にしているもの |
| 次の世代に伝えたいもの |
| 他の人にもぜひ知らせたいもの |
| など |

気軽にお聞かせいただければ幸いです。
質問は多数ありますが、ひとことだけでも、お答えできるところだけご記入ください。
調査の結果は、計画策定のための資料とさせていただきます。
どうぞ、ご家族で話し合って、たくさんの宝さがしをお願いいたします。アンケートの記入欄が不足した場合は用紙の裏面をご使用か市役所企画課まで申し出ください。

なお、お答えいただいたアンケート調査票は、11月末頃に、お近くの行政連絡員の方が回収にうかがいますのでよろしくお願いいたします。

平成4年10月28日

二戸市長

問1　自然に関する宝ものについて

あなたにとって大切な宝ものと実感されている「二戸市の自然とその場所」について教えてください。いくつでも結構です。

（例）
●これはめずらしいと思われる動物、植物の見れる場所
●毎年ホタルを見れる場所
●美しい花がまとまって咲いている場所（花の名など具体的に）
●わき水が出ている場所
●大きな木や根に穴があいている場所
●地層や化石の見れる場所
●その他なんでも結構です。

宝の内容	場　所	何月頃か

（地図に記入するので、場所はできるだけわかりやすく書いてください。
記入欄が不足する場合は用紙の裏面をご使用ください。

出所：真板・比田井・高梨（2010）。

化として磨くことを決めた。五穀米や雑穀ラーメン，雑穀駅弁などの商品化に成功し，現在の雑穀ブームの火付け役を果たした。雑穀畑を開拓して小中学校の総合学習に活用するなど，次世代の育成にも貢献している。その間に，雑穀食を主体とするレストランを出したいという女性グループが現れ，駅前で開業するようになった。また二戸駅開業を記念して，大手駅弁会社などとして二戸の食材を使った駅弁が生まれた。このように，市民の宝として掘り起こしたものが事業化されていくことを「のれん分け」と呼んで，市は積極的に奨励するスタンスをとった。

(6) 条 例

市は2000年に「二戸宝を活かしたまちづくり条例」を制定した。この背景には1つのエピソードがある。農水省の国営かんがい事業を導入した時に起きた事件である。市の中央を流れる馬渕川沿いに揚水場を作る計画がでた途端に，宝探しの自然分科会「川グループ」が猛反対したのである。それまでの調査で，揚水場候補地周辺にカワシンジュガイの生息地があることがわかっていたからだ。通常は川の上流にしかいないのだが，二戸市のように中流域に生息することは珍しいと専門家から高く評価されていた。市職員は宝探しメンバーであると同時に事業担当でもあった。どうすればよいかを話しあい，なるべく影響が出ないよう，下流域につくることに落ち着いたが，その根拠が必要と農水省からいわれ，急きょつくったのがこの条例である（図表10-3）。

図表10－3　二戸市宝を生かしたまちづくり条例

（趣　旨）
第1条　この条例は，宝を生かしたまちづくりの基本理念を明らかにするとともに，その他必要な事項を定めるものとする。
（基本理念）
第2条　宝を生かしたまちづくりは，広く市民が慣れ親しみ，誇りとし，育まれてきた自然，歴史，文化及び人物を二戸市の宝と位置付け，市民参加によりこれらを守り，活用し，将来にわたって継承するものとする。
（市の責務）
第3条　市は，市政に前条の基本理念が反映されるよう努めるものとする。
2　市は，宝が汚損，損傷，又は消失されるおそれがある事業又は行為について，これらの実施主体に対し，前条の基本理念が反映されるよう協力要請に努めるものとする。
3　市は，市民が主体的に宝を生かしたまちづくりについて考え，活動することができるよう，その条件の整備に努めるものとする。
（市民と市の協働）
第4条　市民は，宝を生かしたまちづくりの推進について，市との協働に努めるものとする。
（宝を生かしたまちづくり活動への支援）
第5条　市長は，宝を守り，活用することを目的として活動する者を支援することができる。
（宝を生かしたまちづくり推進委員会）
第6条　宝を生かしたまちづくりに関する事項を調査，審議するため，宝を生かしたまちづくり推進委員会（以下「委員会」という。）を置く。
2　委員会の委員は20人以内とする。
3　委員会の委員の任期は，2年とする。ただし，補欠委員の任期は，前任者の残任期間とする。
（補　則）
第7条　この条例の施行に関し必要な事項は，規則で定める。
　　　附　則
　この条例は，平成12年11月1日から施行する。

出所：二戸市（2006）。

第3節　宝探しの5段階理論

　宝探しは，一足飛びにみつけた宝から経済価値を引き出そうとするのではなく，掘り起こされた宝を地域内で共有し，吟味し，どのように磨き，活用していくかを検討していくことが重要である。真板・海津（2006）は宝探しから地

域興しに至るまでのプロセスを5つのステップに理論化している。掘り起こされた宝を住民同士で磨き，互いに自慢しあい（誇り），自信がもてるものを戦略的に選び出して外に発信し（伝え），地域興しの素材とする（興す）というものである（図表10－4）。宝を探し，磨き，誇り合うステップを経て自信をもち，外に伝え（発信）て地域興しの素材とするところまでを一連の宝探しとみることができる。

　各段階は次のように定義づけることができる。

（1）第一段階「宝を探す」

　第一段階は，住民自身が誇りに思う宝を探す活動である。地域に暮らしている自分たちにとって大切なもの，自慢したいもの，守り伝えたいものなどを再発見する活動である。二戸市のように宝探しの組織を作って計画的にすすめたり，学校の総合学習の時間を使って子どもたちが宝探しをするのもよい。この段階は，地域外の人は入れず，住民や地域とかかわりの深い者で行う。

（2）第二段階「宝を磨く」

　発見された宝は原石であり，そのままでは光ることができない。そこにそれがあることはわかっても，いったいどのような意味をもつのか，よい状態で保たれているのか，利用できるのかなどはわからない。そこで，宝をできるかぎりわかりやすく，理解しやすくするために「磨く」。

　磨き方はさまざまである。とことん調べたり，周辺を整備したり，どう活用するかを話し合ったりする。知恵を出し合いながら，宝の魅力を引き出していく。専門家の学術的・科学的観点から価値を知ることもこの段階の作業である。専門家による科学的な評価は，住民による固有の評価と対をなす普遍的な価値と考えることができるが，固有の価値を知るうえで普遍的な価値を知ることは大切であり，そのことによって，より宝の個性をはっきりつかむことができる。

　また地域のよさを理解してくれる外部の人材にも加わってもらい，固有性を

図表10−4　宝探しから持続可能な地域づくりへの「5段階モデル」

段階		内容
探	宝を探す	地域固有の自然，歴史，文化，産業，人などの資源を地域住民自身が発掘・再発見する。
磨	宝を磨く	発掘・再発見された宝を保存・伝承・発展されるための活動
誇	宝を誇る	宝の価値を認識し，地域の中で価値認識を共有するための活動
伝	宝を伝える	地域の外に向かって，宝を発信するための活動
興	宝を活かす	宝を活用して産業に結びつけるための活動

出所：真板・海津（2006）。

再発見することができる。宝を磨くとは，宝がもつそれ自体の価値を知るだけでなく，その宝が地域住民の生業や楽しみ，観光などの産業資源としての可能性など，多面的な価値を知り，「共有」していくプロセスである。宝を探す段階では特定の有志のみの参加であっても，誇る段階では，より多くの住民を巻き込み，より多くの人々が宝に関心をもち，価値を認め合うことが重要である。

（3）第三段階「宝を誇る」── 地域に対する誇りの醸成

　観光とは，訪れる者にとっては国の光を［観る］ことをさすが，地域住民にとっては，観られるべき宝を［しめす］ことを意味する。宝を誇るとは，住民間で探し出し，磨いてきた宝をより多くの住民にとっての誇りとしてもらうための仕掛けづくりの段階である。集めた宝の情報をより多くの人に知ってもらうための，共有化作業の段階である。

　具体的な方法としては，宝のガイドブックやマップ，後述するフェノロジー・カレンダー，宝をめぐる講座やツアー，博物館，ネット上のサイトなど，多様なメディアや手法がある。いずれにしても，現在の住民や未来の地域づく

りを担う世代が宝の価値に気づき，共有し，自らの宝として誇りに思うことができる機会を仕掛けることである。誇りをもつことは，その誇りを維持し伝えていこうとするモチベーションを導き出す。地域を誇りうるものとして思えたとき，地域づくりは方向性を得て自律的に動き出す。

（4）第四段階「宝を伝える」── 地域の価値を発信し，域外の人と宝の価値を共有する

　地域の宝を発信し，内外の人に伝える段階である。これまでの3つの段階のキーワードを「共有」とすれば，この段階のキーワードは「共感」といってよい。地域内で誇る段階を経て，多くの住民に認識がひろまった宝の価値を域外の人々に伝える段階であり，さまざまな手段をとる。とくに交流を通じて共感の拡大を図っていく。

　たとえばエコツアーや自然観察会，ワークショップ，農業体験，山村留学，体験交流などを通じた交流や，ホームページやガイドブック，マップなど，情報媒体を通じる方法，特産品や食，通販など産物を通じた交流などである。直接的・間接的に地域から発信されたことが域外からの共感を得たとき，宝に対して感じていた住民の価値意識は内輪だけの固有なものから普遍的なものへと昇華する。その自信が，次の段階「興す」段階へのとるべき戦略イメージを導き出す。

（5）第五段階「宝を興す」── 宝の活用による新しい宝の創造

　「伝える」段階で培った宝を保全しながら活用する方策を，具体的に経済を生む事業へと結びつける段階である。宝を資源として個性ある産業を興す方策として，エコツーリズムをはじめとする観光開発や，イベント，新しい特産品づくりなどが考えられる。これまでの，宝を探し，磨き，誇り，伝えるという段階を経て至った「宝興し」の事業は，一足飛びに宝から収益を生むことは異なる。思いつきや真似事でもない。宝を生んだ地域の個性に根差し，時代のニーズに応えようとする新しい宝である。伝統性と進取性をあわせもつ，茶道

でいう「不易流行」のなかから生まれたものである。

　こうして宝から生まれた新しい宝が，地域に経済性を還元する事業となって動きはじめたとき，もともとの宝の価値が住民に評価され，誇りとして再び地域に根づいてゆき，地域社会の持続へと寄与していくのである。宝興しは，このようなことを視野に入れた循環の輪にほかならない。そして，新しい宝がまた新しい循環を生み出していく。

　二戸市は，2011年10月21日～23日，20年間に及ぶ宝探しの成果を観光という次の段階につなぐために，「全国エコツーリズム大会inいわて二戸」を開催した。掘り起こされた宝をいかすために各地区に立ち上がった住民グループがプログラムのホスト役となり，「みちのくの原風景に生きる知恵をみる～奥南部の雑穀文化とエコツーリズム」をテーマとして，6種類のエコツアーを市民が中心となってつくり上げ，参加者を魅了した。観光を通して，地域の宝は全国に発信されたのである。

第4節　地元学とエコミュージアム

1．地元学

　熊本県水俣市では，市職員（当時）の吉本哲郎氏らが火付け役となり住民の郷土への誇りを再興することを目的として「地元学」を提唱し，住民参加の「あるもの探し」を実践してきた（吉本，2008）。「あるもの探し」は，地域興しにおいてしばしば陥る「今はないが，○○さえあれば地域興しができる」という発想をやめて，今あるものから地域おこしを進める発想に切り替えよう，という取り組みである。水俣市は，公害問題発生以降，「公害の町」というレッテルを貼られてしまった。何か新しいことをはじめようとしても，地域外の人々の意識は変わらず，住民たちも水俣には負の遺産しかなく，地域興しの核になるようなものは何もない，と思うようになってしまっていた。当時役場職員だった吉本氏は，住民が再び水俣市を愛するところからでなければ地域興しはできないと，住民たちとの街歩きをはじめ，さまざまなテーマで水俣市の掘

り起こしをはじめたのである。観光や物産という終着目標をもつのではなく，とにかくまずはまちをみつめなおす学習を繰り返した。地域興しをはじめる前の，まちに魅力を感じる人づくりといい換えてもよい。この活動は，気軽にはじめられることもあって，長崎県雲仙市や石川県白山地域などでも実験的に取り組んだ。

2．エコミュージアム

　フランスで生まれた「エコミュージアム」は，郷土全体を博物館としてとらえようという考え方である。地域が一つの博物館であれば，地域内のさまざまな事物や人，生業などは展示物である。エコミュージアムは，それら展示物を動かしてどこかに集約するのではなく，今ある場所や，少し動かす程度で足元の資源をほりおこし，域外の人々に伝えようという発想において共通している。このような地域への眼差しは，各地の生活・伝承を書き留めた柳田國男，折口信夫，宮本常一らが築いた民俗学や，江戸時代末期の本草学者丹羽正伯が各地の風物を正確に記録した『諸国産物帳』（1735－1738）にルーツを求めることもできるが，これらが研究者や役人のフィールドワークに基づいて編集されたものであるのに対し，「宝探し」は住民自身が自文化に光を当てる点で異なる。吉兼（2000）はこれを「記憶の井戸を掘る」と表現している。

第5節　地域主導型観光

1．コミュニティ・ベースド・ツーリズム

　コミュニティとはある地域を基盤とする共同社会のことである。地域主導型観光は，コミュニティが主導する観光を意味し，コミュニティ・ベースド・ツーリズム（Community based tourism：CBT）とも呼ばれるが，大衆化する観光が観光事業者主導型観光への流れを強めていたことへの対置概念として生まれたものである。コミュニティ・ベースド・ツーリズムの特徴は，上述した①宝探しに基づく地域資源の掘り起こしをベースとすること，②担い手として住民

個人やNPO，企業や行政などさまざまな主体が参画すること，③地域住民が伝えたいことをもとに観光体験が組み立てられること，④地場産業とも連携して観光による波及効果がなるべく多くの地域の人々にまわるように図ること，等である。推進の目的が地域活性化に置かれていることであるが，一般の観光との大きな差異といえる。

　観光者側の観光行動が個人化・多様化するなかで，旅行会社も地域主導型観光に着目しはじめている。株式会社ジェイティービーが提唱している「着地型観光」のように，旅行会社が自前でツアーを企画するのではなく，地域住民との協働による企画や，地域がつくったプログラムを販売する形での連携などの形が生まれている。

　観光が観光者や事業者優位で行われていた1960年代から1980年代にかけて，観光地となる地域では，観光者や観光事業者に比して立場が弱く，対価と引き替えに一方的な搾取を受けることも少なくなかった。たとえばチェーン系ホテルの立地や大手旅行会社による添乗員つき旅行など，地域にとっては外資である企業体によって事業が展開され，かつ収益も域外に流れることが通常であった。地域社会に残るものはゴミや屎尿，騒音などの負の影響ばかり，それを処理するのは自治体や近隣住民といったことが重なり，観光事業を歓迎しない地域も増えていった。加えて，伝統芸術や工芸品，野生動物の毛皮などが安価な価格で売られたり，伝統文化を観光用に改変して提供することが求められるなど，コミュニティの存続にかかわることも起きていた。ツアーも，地域をよく知らない観光者に訴求力がある「よく知られた資源」に的を絞って造成されることが多く，住民が誇りにしているものがツアー化されるとは限らない。企業体の経営状況や観光者の志向の変化によって，事業者は事業を放棄してしまうことも容易に起きうる。域外資本による観光業に頼ることは，必ずしも地域にとってメリットがあるとはいえない。

　このような状況を背景として，地域住民の手によって地元主導による観光を進める動きが，1990年代に入って各地で顕れるようになった。特に，農村振興とからめたグリーン・ツーリズムやエコツーリズムの普及などがその流れを後

押ししている。石森（2001）はこのようなアプローチを「自律的観光」と呼んでいる。

2．おわりに ── 地域主導型観光の課題

　地域主導型観光をビジネスの持続可能性の観点からみると，主として2つの課題が存在する。1つは地域住民による宝探しなどの資源の掘り起こし運動を着地型観光プログラムへと商品化するための技術的課題であり，もう1つは商品化されたプログラムを消費者に届けるマーケティングの壁である。この点を解決するために，長野県飯田市の南信州観光公社のように，地域内での商品開発と，域外へのマーケティング及びプロモーションを担う中間的な組織を設けている地域もある。いずれの場合も，地域の持続的発展という目標において，観光をどのように位置づけるのか，という地域の認識や共通理念が，取り組み方の決定要因となる。

第11章
エコツアーガイド・プログラム

第1節　はじめに —— エコツアーガイド・プログラムとは

世界的な広がり

　エコツアーガイド・プログラムとは，地域の自然や文化遺産や人々の生活を，エコツアーガイドの案内によって体験し楽しむツアー形態である。このツアーの特徴は，エコツアーガイドが，自然や文化などの題材を使って，単にみるだけでは気づかない，知ることのできないものを，参加者にさまざまな体験させながら，喜びや感動を引きだすという点である。

　このような形の案内はインタープリテーションとも呼ばれることがある。こういったガイド手法を組み込んだ旅行形態である自然ガイドツアーは，アメリカやオーストラリア，さらにはヨーロッパ・東南アジアや中南米など海外ではかなり広範囲で行われるようになった。ヨセミテなどのアメリカの国立公園をはじめ，国家最大の産業として行っているコスタリカなど，世界各国に広がっている。また，国内でも北海道各地，沖縄各地，屋久島など，自然環境の豊かなところで，その試みは続いている。すでに，秀逸なプログラムを提供している地域や団体も少なくない。

　そこで本章ではエコツアーガイド・プログラムならびにエコツアーガイドの役割や伝え方の技術について明らかにしたい。

第2節　エコツアーガイドツアーにおける技術

　実際のエコツアーではガイドは解説をするだけではない。林を歩きながら足元が崩れて歩きにくいという体験をしていただき，足元の小石を手にとってもらいそれが軽石であることを気づいていただく。そして，ちょっとした崖の地層が露出しているのをみて，軽石の層が地面のすぐ下にあることを知っていただく。さらにカラマツが倒れているところをよくみていただいて，どうして倒れたかをクイズにする。どんな木が，どんな原因で倒れてしまったのか，そしてどうして倒れやすかったのかを考えていただく。旅行者がヒントを得るためによくみると，倒れたカラマツの根は，先ほどみた崖の軽石層にあったことがわかる。というように，ゲームやクイズ，エコツアーガイドの話術や演出，プログラム全体の構成などを通じて，知的好奇心を刺激しながら，楽しい体験とするのである。

　私たちのようなエコツアーガイド事業者が目指す自然ガイドツアーとは，巧みなガイド技術によって，ごく一般的な旅行者もが自然の中での体験を通して何かに気づき，発見し，驚き，感動するように，あらかじめ計画されたプログラムである。自然ガイドツアーは，観光旅行の一形態として娯楽要素が含まれており，ツアーの参加者は，圧倒的な楽しさや感動を得なくてはならない。ツアー参加者に楽しんでもらうことこそが自然ガイドツアーの最大の目的である。

　つまり，自然ガイドツアーにおけるガイドの技術とは，知的好奇心を刺激し実際に体験していただくことによって自然の事物や事象を楽しく理解し感動してもらうエンターテインメントである。体験を通して，知識を使って，その奥にある物事の本質に迫るおもしろさ，「そうだったのか」「えー，そんな関係があるんだ」「そういう理由か」というような言葉がもれるほど，参加者の既成概念を越え予想を超えることによって心を動かし楽しんでいただくことが狙いである。

第3節　エコツアーの魅力の表現

1．ガイドがもたらすプログラムのおもしろさ
（1）みるから体験へ

　エコツアーが，旅行形態のひとつではあるものの，従来型の観光とは違いがある。従来型の観光では，多くの「見所」を回ったかが顧客満足を左右する傾向があった。これに加えていかに安価であるかが，顧客獲得の条件ともなっていた。その一方で，エコツアーの顧客満足を上げる要素は，これらとは違ってくる。確かに，雄大な自然や稀少な動植物は，顧客満足を上げることになる。しかし，それだけではエコツアーとしては物足りない。

　エコツアーは，顧客に体験・体感してもらうことを通じて，興味を引き出し，圧倒的な楽しさを感じてもらえるプログラムである。しかも，このプログラムにはエコツアーガイドのメッセージも込められており，その場所でしか得られないものもある。そのプログラムに参加することで，自らの体験を通じて新しいメッセージを受け取ることにある。あるいは，参加者がもっていた知識の総和と既成概念を超えて，それらの知識を貫く法則性が示され，謎が解かれ，参加者の「心が動かされる」ことである。従来型観光にありがちな，「見所」を外からみてまわるという形態から，地域の魅力を自ら体験しながら自分のものにする旅行形態である。

2．エコツアーガイドの役割
（1）調味料としての役割

　「ガイド」というと，一般的には"案内をする人"であり，どちらかといえば，説明者ととらえられる場合が多い。これまでもエコツアーにおける"主役"ととらえられることが多かった。しかしながら，参加者の立場に立ってみると，エコツアーにおける最大の魅力は"自然資源"である。ガイドの解説やメッセージも大切ではあるが，自然資源を引き立てるものであろう。自然資源本来の

魅力を損なうことなく，効果的に引き立たせることがガイド本来の役割ではないだろうか。ガイドは料理におけるシェフではなく，素材をより美味しくし，その本来の味を引き出す調味料の様な役割を担っているといえる。

（2）エコツアーガイドが左右するプログラムの価値
　エコツアーにおけるプログラムにおいては，顧客満足はプログラムの質とエコツアーガイドの質に大きく左右される。従来型の観光で「見る・観る」対象であった自然や文化遺産は，エコツアーにおいては感じたり，考えたりする素材である。また「体験」はエコツアーには必須の要素であるが，その体験を如何に演出するかは，ガイドの能力にかかる場合が多く，その意味ではエコツアーガイドの優劣によって，エコツアー自身の満足度が左右されるのである。

3．エコツアーガイドに必要な伝え方の技術
　前述したように，プログラムの価値は，エコツアーガイドの能力によっても左右されるものであるが，技術的なノウハウを習得することによって，一定の成果は得ることが可能だと考える。後述はその技術的なノウハウとなる。

（1）参加者とのコミュニケーション
　素晴らしいプログラムは顧客をプログラムに集中させることができる。もし，顧客の注意が他に向いているとすれば，顧客満足度が低くなっていると思われる。エコツアーガイドは，参加者の興味や関心を引きつけるためのコミュニケーションを心がけ，状況によってはテクニックを発揮しなくてはならない。
　それぞれの顧客の興味を引きつけるには，顧客のひとりひとりをできるだけよく知り，観察することが必要である。また，ガイド自身と顧客との関係や状況を客観的に判断することも必要となってくる。複数の顧客に対しては，全体のバランスを常に考え，誰の注意を引きつけることを優先するかを判断しなくてはならない。そして，その判断はプログラムの進行や場面に応じて変えていくことも必要となる（たとえば，家族連れの顧客の場合，子供に焦点を当てるのか，

大人に焦点を当てるのかは，その時々において判断しなくてはならない。一般的にはプログラムに飽きやすい子供を優先させることが多いのだが，状況によっては大人向けの話もしていくことで，大人の満足度を落とさない様にすることも大切である）。

この後，顧客をよりひきつけるためのコミュニケーションのスキルやテクニック，マインドなどの留意点を考える。

（2）"話す"以前に気をつけること

コミュニケーションで重要なのは，伝える側（ガイド）から相手（顧客）に正しく"伝わった"かどうかである。ガイドがいくら饒舌に"言った""話した"ところで，参加者が聞こうという意識がなければ内容は伝わらない。ガイドは"話す"以前にまず，顧客が"聞く"状態にあるのかどうか，把握しておく必要がある。その都度どのような伝え方が適切かを判断し，さらに内容が伝わったかを確認する。特に，専門的な話をしなくてはならない局面や顧客に考えていただかなくてはならない場面では，このことを充分に考慮することが必要である。

ガイドがプログラムを実行する際，内容をしっかり伝えようと，つい一方的に話すことになりがちではあるが，内容は後からでもじっくりと伝えていけばよいので，まずは顧客とのコミュニケーションを円滑にすることを意識した方が，その後のツアーも円滑に運営できる確率が高い。

（3）コミュニケーションの基本
① 相手の立場にたつ

コミュニケーションをとるうえでは，参加者の情報をあらかじめ集めておくことも重要になる。そのうえで，プログラムを進めるなかで，常に参加者を観察し反応をみながら状況に応じて臨機応変に対応する。

たとえばガイドの話が長くなってきたときに，参加者の集中力が切れてきた素振り（落ち着かない行動をとる等）が察知できたら，話を短くしていく。参加者の仕草や表情を常に読みとり，すぐに対処するように意識しておくことが大

切である。

　また，参加者との会話のなかで，参加者の興味などがわかる場合もある。その場合はその分野の話を織り交ぜてみたり，専門知識を参加者がもっている場合には，状況に応じて参加者に説明に参加してもらうこともありえる。

② グループを率いる際のコミュニケーション
　ガイドは一定の数のグループを案内しなくてはならない。したがって，リーダーシップをとるためのコミュニケーション技術も必要となる。グループを率いる際には，特に安全面の注意が必要となる。その為には，グループをまとめ，参加者に信頼されなくてはならない。安全管理をする際には，特にジェスチャーや声を大きく明確にすることで対応する。ガイド中，移動を促す際も明確な指示が必要ではあるが，その際，強すぎる表現や態度は参加者の満足度を下げる要因ともなりえるため，注意が必要となる。

③ 言葉だけでなく，"体験"を通じてコミュニケーションをスムーズに
　プログラムを実施している際，ガイドが話術が得意であったとしても，話だけで，参加者を引きつけ続けることは難しいであろう。エコツアーでは参加者が場面，場面で"体験"することで，より満足度を高めている。その"体験"は冒険的な体験ももちろんであるが，臭いをかぐ，触ってみる，実際に生き物をみる，音を聞くなどいろいろなものがある。ガイドはそれらの体験を駆使しながら，参加者の興味を引きつけていく。これらの体験を共有した参加者とガイドには一体感が生じ，それによって，より一層コミュニケーションが円滑になっていく。

（4）ガイド技術　実践編
　それでは実際エコツアーを実施していくうえで，どういったガイド方法があるのであろうか？　前述の通り，参加者とのコミュニケーションを通じて，顧客満足度を向上させることが目標であるが，具体的なガイドの方法は人それぞ

れの個性もあることから，決まったかたちのものはない。また，決まったかたちのものがあることで，ガイドの個性を消してしまうケースもある。そこで，ガイド技術のチェックポイントとその意味を後述することとする。

ガイド技術のチェックポイント

① 話題にあった場所で話しているか： よく起こる事例であるが，エコツアーの最初の集合の際，駐車場などで，自然解説等につい熱が入っていまい，参加者を退屈させてしまうというケースがある。自分の提供するツアーや解説がその場所に適しているかどうか，認識しておく必要があるだろう。

② メッセージ性はあるか： ガイドは何らかの思いをもってその自然のなかで案内をしているはずである。その思いの一部でも参加者に共有してもらえるとそのツアーはよりスムーズに展開できるであろう。繁忙期のツアーなどはつい，見落とされがちであるが，メッセージ性は大切なガイドツアーの要素である。ただし，これが強すぎると逆効果になることもありえる。

③ 参加者全員を対象にしていたか： ある程度の人数を案内する際，熱心な参加者や子どもたちにツアーが偏ってしまうケースがある。ガイドはできる限り全員に気配りをし，"私は置いてかれた"という思いを参加者がしないように対処していかなくてはならない。

④ 声は参加者全員に聞こえていたか： エコツアーでは時に先頭と末尾が離れてしまい，肝心の解説が聞こえていなかったというケースがある。ガイドはグループコントロールをし，ガイドの声が参加者全員に届くような工夫をしていかなければならない。

⑤ エンターテインメントの必要性： エコツアーはあくまで，旅行の一部分であることから，"楽しさ"が随所にちりばめられている必要がある。よく，"教育的"なガイドになってしまいがちだが"楽しさ"を追求することは忘れてはならない。

⑥ 話の長さ： 自然の解説で陥りやすいのは，話が間延びして長くなり，参

加者を退屈させてしまうというケースである。解説はできるだけ，短く切りながら案内をしていく方が参加者も前向きになりやすいであろう。

⑦ 環境を守る配慮があるか： エコツアーの前提条件ではあるし，ガイドが配慮していないということは考えづらいが，解説の最中にこういった配慮があるかどうかを参加者はよくみている。特にここ数年，環境への意識が高まっているので，どこかで意識しておく必要がある。

⑧ 深い知識は感じられたか： 参加者の顧客満足度を上げる際に，ガイドが自然の事象などについて深い知識がどこかで披露されると効果が上がる。もちろん，披露のしすぎには気をつけなければならないが，ガイドの深い知識は参加者に信頼感を与えることができる。

⑨ 情報の正確性： ガイドは参加者にさまざまな情報を提供することになるが，その情報を正しく伝えていないと，ガイドの信頼も失う。またガイドが新しく得た情報が正しい情報か否かも情報を入手した時点で検証しておいた方がよいであろう。

⑩ 参加者の興味をとらえて話しているか： これもつい陥りがちな落とし穴である。ガイドはつい，自分の興味を中心に話してしまいがちであるが，参加者が同じとは限らない。たとえば，蛾が嫌いな参加者に蛾の話を専門性をもってじっくり説明しても，満足していただけない場合が多い。ガイドは，常に参加者がどういうものに興味をもっているのか気を配りながら，ガイドをし，解説を加えていく方がよいと思われる。

⑪ リスク管理はできているか： エコツアーを円滑に運営するうえで，リスク管理，安全管理は必須である。自然界には，いろいろな危険が潜んでいるため，できるだけ事前に参加者に伝えておくことも必要である。また，案内するうえで，ガイドが参加者の安全にもしっかりと気を配っておく必要がある。

⑫ 印象的且つ効果的なまとめ： ツアー終了時，ただすっと終わってしまうと参加者の満足度を高めることは難しい。終了時のまとめを行う際，いかに印象的なまとめを行うかが大切になってくる。そのまとめはガイドの個

性によっても変わってくるのだが，ガイドのメッセージを参加者に伝えるのに，適当な場面でもある。

⑬ ガイドが質問に答えているか： ガイド中，ガイドはプログラムを円滑に運営できるように集中しがちで，その結果，参加者の質問にきちんと答えていないというケースが見受けられる。このような事態が発生すると，参加者の満足度は自ずと下がってしまう。ガイドはコミュニケーションを意識し，参加者からの質問に対してはしっかりと聞き，できる限りの対応をするべきであろう。

⑭ ツアー時間，及び時間配分が適当か： ガイドが一生懸命案内することで，ツアーの予定時間をオーバーしてしまうというケースがよくある。参加者の状況によってはあってもよいのだが，参加者によってはスケジュールがびっしり入っていることもあり，不満につながってしまうこともある。できるだけ事前に参加者の情報を収集しておいた方がよいであろう。また，最初の自然のネタにじっくりと時間をかけすぎて，クライマックスとなるはずの自然のネタで時間がほとんどとれないという事態も発生するので，気をつけるべきであろう。

⑮ 参加者に対する細かい配慮はあったか： ガイドは参加者に対して，お手洗いの配慮，熱射病対策，歩くスピード等いろいろな配慮が必要である。ガイド自身のペースでツアーを運営してしまうと，参加者からの不満につながる場合が多い。常に細かい配慮ができるよう，ガイドは意識しておく必要があろう。

⑯ 熱意をもってガイドをしているか： 繁忙期など，忙しさのあまり，ガイドが事務的になってしまうことも見受けられる。参加者はガイドのモチベーション等に対しても敏感で，不満につながることもある。その一方で，熱意をもったガイドに対しては参加者の満足度も上がりやすく，リピーターになっていただけることも多々ある。熱意の押し売りになってしまうと良くないが，熱意は表に出ていた方がよいであろう。

⑰ ユーモアはあったか： 参加者を楽しませるユーモアは必要である。ユー

モアはギャグやだじゃれを連発すればよいのではなく、どこかで参加者が笑顔になれるような場面をつくりだすことが重要である。
⑱ 参加者を満足させる工夫があったか： ガイドにユーモアがあるだけでは、そのユーモアが圧倒的でない限り、満足度を一気に向上させることは難しい。ツアー実施前に事前に工夫を重ねてシナリオを描いておくということも重要である。そのシナリオがあれば、ペース配分、テーマなども決めやすくなるし、アドリブのネタも披露しやすくなる。
⑲ 出発・解散が円滑にできているか： 参加者にとって、はじめと終わりは非常に重要である。また、出発段階でいろいろな混乱が起きやすく、最初に混乱が発生すると、参加者のテンションが下がったままで推移することもありえるので、注意が必要である。
⑳ 落ち着いて行動できたか： 備えていても、ガイド中に不測の事態が起こることはある。その場合、ガイドがパニックになってしまってはグループを統率することは難しい。不測の事態の場合、いかにガイドが落ち着いているかが重要である。

第4節　おわりに

　一口にエコツアーガイドといっても、実はさまざまなタイプのエコツアーがある。したがって、ここまでの事例やチェックポイントにおいて問題がなければよいという訳ではない。また、ここまでのものができていなかったとしても素晴らしいツアーになることもある。ただ、いずれにしてもエコツアーにおけるガイドの役割というものは非常に重要であり、ガイドの優劣がそのまま観光客の顧客満足度を左右してしまうということをガイド自身が認識をし、行動する必要がある。
　一方でエコツアーガイドの役割を、エコツーリズムに係る者すべてがしっかりと認識をしておくことが必要である。すでにエコツーリズムを通じた地域おこしを進めているところでも、実はガイドが存在していないというケースも

多々見受けられる。今後，日本でエコツーリズムを推進していく際にはエコツアーガイドの存在とその成功が地域においても重要になってくるであろう。

第12章
成功する着地型旅行商品企画とは

第1節　はじめに ── 地域資源を活用した旅行商品とは

　ここ数年，着地型旅行という旅行テーマが注目されている。着地型旅行とは，「着地すなわち地域が主体となって創りあげる旅行」という意味であり，従来型の一般的な観光旅行に対して，より地域に密着した観光のスタイルと定義されている。こうした着地型旅行が支持されるようになったのは，これまで多くの旅行会社が大都市圏において販売効率の高い旅行商品を開発してきたことにより，多様化したニーズの消費者に対応できなくなってきたことが背景にあるといわれている。最近の消費者ニーズの変化においてはいくつかのキーワードがある。旅行形態においては「団体」から「個人」へ，「十人十色」から「一人十色」へと多種多様の旅の形が求められるようになってきている。一人の旅行者が，さまざまな価値観や所属するグループにより旅行形態を自分の好きなように変えていくといった行動がみられる。インターネットによる情報収集力の高まりにより，しっかりと物を見極めて自分らしく賢く消費する傾向にあるといえよう。
　さて，こうした着地型旅行の主力となるのがニューツーリズムである。ニューツーリズムとは，「エコツーリズムやグリーン・ツーリズム，産業観光等のテーマ性や専門性をもった旅行スタイル」を称しているものである。着地型旅行を開発する過程で，地域を熟知している地域の人々が地域の個性や資源を深く掘り下げてテーマ毎に旅行商品化することにより，おのずとニューツーリズム

の旅行企画として実現することができるともいえる。こうしたニューツーリズムに共通するポイントは、"見る観光から、五感で体験する観光"を提供することである。単にツアーコンダクターによる説明を見聞きするだけでなく、自分の五感を通じて地域の本質的な魅力を体験したいというニーズに対応するツアーが、ニューツーリズムとして成立する要件である。

一方で、地域においても、地域の農林水産業などの第一次産業、伝統工芸・地場産業の工場などの第二次産業のように、これまで観光資源として認識されていなかった地域の資源を、まち歩きなどの手法により直接触れる機会や体験する機会を提供する着地型旅行により新たに観光客を誘致することも可能となり、地域活性化の手段として期待されている。これについては、有名な観光資源をもっていない地域においても、観光が地域の産業を活性化させ、幅広い分野での雇用を創出することができるという経済面での貢献に対する期待も大きい。また、都会の若者が農業体験したい場合には、農家の人たちが中心となり農作業を教えることであり、地域の伝統工芸を体験するためには、伝統工芸を継承している職人さんからの指導が感動を生み出すなど、地域の人々と観光客との交流により地域の活力を高めることにもなる。

このように、地域における着地型旅行は、来訪者、地域の双方にとって非常に魅力的な取組みとなっている。しかし、ただ単純に着地型旅行商品をつくればよいのかというとそう簡単なことではない。これまで地域において数多くの着地型旅行が国や自治体等の実証事業などで開発されている一方で、その多くは集客に苦慮している状況を耳にする。このように「着地型観光」によるニューツーリズムの企画は、旅行者のニーズと地域の期待がマッチした今までの課題を解決できる理想とする旅行のつくり方と考えられるはずなのに、集客できないという事実が存在するのである。これはなぜであろうか。

本章では、今求められている着地型旅行商品について、お客様に支持される商品とは何か、しっかりと流通・販売するためには何が必要か、などについて実例を交えながら書き進めていきたい。

第2節　マーケティング戦略に基づいた着地型旅行商品企画とは

　旅行商品の企画において「マーケティング戦略」というと，とても難しいのではと感じる方も多いかも知れない。しかしながら，そんなに難しく考えることではなく，商品を売るために当たり前のことをしっかりやることがマーケティングだと認識してもらっても構わない。前述の通り，「着地型旅行商品」をつくったとしても効果は上がらない例が多い。私はこの大きな原因がマーケティング戦略の不備にあると考えている。一般のメーカー等が当たり前のように行っているマーケティング戦略を行わずして，着地型旅行商品を販売し，お客様に来ていただくことは非常に難しい。これから着地型旅行商品のマーケティング戦略について，その活動ステップを示していく。

1．マーケットの把握と対象ターゲットの明確化

　マーケティング戦略にまず必要なことは，「マーケットの把握」と「対象マーケットの明確化」の作業である。当該地域に，いつの時期にどのような形態の観光客が訪れていて，どのような観光行動をしているのかについては，感覚的にはわかっているようで実態を理解している地域は少ない。これでは誰に何を訴えればよいのか手がかりがないままに商品化を進めていることとなる。まずは現状，地域にどのような観光客が訪れているのか，性年代別，グループ別（例：家族，カップル，友人など），旅行形態別，来訪経験，滞在時間，主な訪問先などについてしっかりと調査することが必要である。また，こうした調査は公的機関だけで行うのではなく，旅館等の宿泊施設や，観光施設，市民団体等との連携のうえ，さまざまな切り口で正確な実態を把握することが肝心である。こうした調査を行うことにより，現在来訪している観光客の特性を理解し，地域の観光資源を検証しながら，今後狙うべきターゲット層をフォーカスし設定することができる。

さらに，こうしたターゲットの設定においては，単純に地域や性別などの人口統計学的なデモグラフィック変数で分類するのではなく，その人の価値観，ライフスタイル，性格，好みなどの心理的特性を表す「サイコグラフィック変数」に基づいたターゲット設定も考えていくべきであろう。また，最初に取り組むべきターゲットとしては，足下のマーケットから考えることも重要である。これまで多くの着地型旅行商品のモニターツアーが行われているが，最初から大都市圏マーケットを対象としたツアーよりも，近接する地方都市や地域内の住民をターゲットとして募集し集客に成功した例がみられる傾向にある。着地型旅行は，これまでスポットの当たってこなかった地域の宝にフォーカスをあてたツアーであり，地域の方々にとっても新鮮に魅力的に映るということだろう。実際，東京で200以上のツアーを催行している「はとバスツアー」の利用者においても，参加者の多くが地元である都民といわれている。まずは，こうした傾向を理解し，地元の方にターゲットを絞って，テストマーケティング的に着地型旅行に取り組んでみることも重要であろう。

2．効果的な商品化・マーケティング活動の実行

　次に行うこととしては，地域特性に合わせたマーケティング戦略の立案である。前述の通り，地域に訪れている現状の観光客像がわかれば，現在のターゲット層をさらに増やしていく戦略をとるのか，新たな潜在的なニーズをもつターゲット層を掘り起こす戦略をとるのか，設定することができる。そのため対象ターゲットをしっかりと設定したうえでマーケティング戦略を立案することが重要なのである。

　さて，マーケティング戦略の立案を行っていくうえで標的市場を設定した後に必要なのはマーケティングミックスである。マーケティングミックスにおいて代表的な分類に4Pという考え方がある。4PのPとはProduct（商品），Place（流通，販売），Price（価格），Promotion（販促活動）のそれぞれの頭文字をとったものである。マーケティングミックスにおいては，これらの4つのPに関して，地域の観光資源を生かして，または外部と連携してどのような戦

略を講じていくかを決めていかなければならない。

　たとえば，子育て期の夫婦と子育て後の夫婦の旅行と比較してみても，旅行目的，旅行時期，旅行費用，選択する宿泊施設や交通手段，旅行を購入する場所，接触するメディアなどが大きく異なる。こうした設定したターゲットの行動を見極めたうえで，それぞれに対して適切なマーケティングミックスを設定することが重要である。これからそれぞれの4つのPについて，戦略立案の考え方を記していく。

（1）商品企画の考え方（Product）
　着地型旅行商品を企画する上で重要なのは，「差別化」と「高付加価値化」であると考えている。数あるレジャー活動から地域の着地型旅行が選ばれるためには，その商品が魅力的でなくてはならない。その価値を明確に伝えるためには「差別化」「高付加価値化」が重要となるのである。
　まず「差別化」についてである。地域の着地型商品においては，この差別化をあまり考えていない事例も多く，ほかと同様の体験のまま商品化している事例が多くみられている。たとえば，全国でそば打ち体験が行われているが，多くの地域においてはそのまま商品化している場合が多い。もちろん，そば打ち体験が悪いわけではない。しかし，全国のどこでもあるそば打ち体験にどのような違いがあるかを打ち出していない場合が多く，お客様が集まらないことも多い。ただし，こうしたそば打ち体験であっても，その地域のさまざまな資源と結びつけたもの，地域独自の体験になっていればそれが「差別化」につながるのである。つまり，地域としての差別化ポイントを明確にし，その着地型旅行商品がほかとは違ったものに仕立て上げる商品企画に対する努力が必要なのである。
　次に「高付加価値化」についてである。さまざまなサービスが氾濫しているこの時代において，旅行者にとってはお金をかけてでもいいものを欲しい，体験したいという「プレミアム消費」のニーズが伸びている。着地型旅行における「プレミアム消費」とは，お客様が高い金額を払っても満足することができ

る素晴らしい本物の体験を提供することである。こうした旅行の形態は，これまでの旅行会社における添乗員が同行するパッケージ商品である「エスコート付き旅行」と形態が近い。これからの「エスコート付き旅行」においては，単に旅程や旅行管理者としての同行者がつくのではなく，地域の資源や歴史・文化に対して本質的な知見を有するエスコート役が同行し，案内することによって，旅の楽しみを一層高めることが必要なのである。本質的な旅の楽しみ方をしっかりと提案できるエスコート型旅行商品の価値については，今後改めて見直していくべきであろう。

　着地型旅行商品の企画においては，以上のような「差別化」「高付加価値化」が重要であるが，もう一点ポイントとしてあげられるのが「地域住民との交流」である。着地型旅行についてこれまで多くの実証的なツアーの取組みが行われてきたが，共通して評価が高いのは地域の観光事業者以外との交流を図ったツアーである。農家の方にお茶をご馳走になったり，地域におけるボランティアガイドの方の生活ぶりに触れたり，地域住民の方を通じて生活文化に実際に触れる体験が求められているのである。テーマがグリーン・ツーリズムであれエコツーリズムであれ，すべての着地型旅行において「人との交流」が鍵となっているようだ。

（2）商品流通，販売の考え方（Place）

　着地型旅行商品の流通・販売に関しては，各地域において非常に苦労していることが伺える。その理由としては，旅行商品はサービス財であり無形のものであるため，一般的なモノとしての商品のように在庫を蓄えて，商店等で普通に販売することができないことにある。いくら素晴らしい着地型旅行商品を企画したとしても，買える場所や流通の仕組みを提供しない限りは，観光客は参加できないのである。この点に関しては，これまで旅行会社が流通，販売機能を担ってきた。しかし，これまで旅行会社においては，多くのお客様に対応するマスツーリズムに取り組んできたため，限られた数の商品を，特定の顧客に売り込む事は得意分野ではなかった。既存の旅行会社の流通形態では，小ロッ

トの商品を多品種にわたって販売するのは非常に難しい。そのため，最近では各社においては，こうした着地型旅行の流通に関してはさまざまに知恵を絞っている。地域においては，こうした着地型旅行商品の流通の現状を理解して，新たな取組みを進める旅行会社との連携も検討していくべきであろう。

　ここでは，現在旅行会社で取り組まれている着地型商品流通の方法の一部をご紹介する。

① 旅行会社の教育旅行担当者経由で販売する

　最近の教育旅行の傾向として，多くの学校で地域とのふれあいや田舎体験，農業体験など，自然と触れ合うプログラムを取り入れはじめている。この場合，マーケットは学校であり，流通・販売先は旅行会社の教育旅行営業担当となる。彼らに依頼し，それぞれの学校にセールスしてもらうという方法がもっとも効果的な流通の方法である。JTBグループでも，大分県の安心院や佐賀県の唐津において地域の着地型旅行を扱う組織の設立を支援し，教育旅行の誘致に特化した取組みをしている事例もある。この2地域には，JTBグループ各社から，多くの学校の修学旅行の生徒が訪れている。効率的に展開している好事例であろう。

② インターネットを活用する

　インターネットによる情報革命により，旅行においても店頭ではなくWEBサイトで旅行を予約する人がますます増えている。さらにスマートフォンなど携帯端末の進化により，時間や場所を気にせず行きたい場所を検索できるなど，ユーザーの旅の利便性もますます高まっている。こうした消費者の新たな行動に対応するために，着地型旅行商品をインターネット上で販売することも検討すべきだろう。ただし，インターネットの場合は，予約したい日や時間に体験プログラムができるかを正確に提供することは難しい。これは，販売可能である在庫の状況をリアルタイムに提供することが難しいからである。これに関して，JTBでは着地型旅行をオンラインで購入できる仕組みとして「JTB観光情

報ナビ」を運営し，各地域に仕組みを提供している。「JTB観光情報ナビ」では，全国各地の着地型旅行商品に特化し，それぞれのプログラムの販売の日程別情報をリアルタイムに更新し，予約WEB上でカード決済までを可能としている。

③　旅行会社のエスコート型ツアーへの組み込み

　旅行会社の企画する添乗員付きのエスコート型ツアーに地域の着地型旅行を組み込んでもらう方法もある。この場合，これまでも旅行会社としてもオプションプランとして提供してきたが，これをさらに進化させ着地型旅行が目的となる程度に魅力を高めることができれば，地域への一定の集客が見込めることになり効果的な展開である。これに関して，JTBでは「日本の旬」という地域別のキャンペーンを組んでおり，そのなかでも地域コンテンツを生かした着地型旅行プランを提供している。2011年4月〜9月まで行っている「日本の旬・愛知三重岐阜」では，"感動魅力人"という着地型旅行商品を設定し，"人"にこだわった商品展開，事業展開を行っている。具体的な例として，「徳川家御用達感動！　第25代藤原兼房と作刀体験」というプログラムでは，伝統的な日本刀づくりについて解説後，迫力ある刀作りの実演を間近で見学し，さらに参加者自身がズシリと重たい金槌で鋼を実際にたたく体験を提供している。地域資源においても付加価値の高い企画にすることができれば，旅行会社のツアーに組み込まれることができる事例である。

（3）商品価格の考え方（Price）

　着地型旅行商品の価格設定に関しては難しい。旅行体験の場合，お客様はこれから受けるサービスに対してどれだけの対価を支払うかをシビアに判断しており，その判断基準はそれぞれの人々のライフスタイルによるためである。しかし，間違いなくいえることは，お客様は支払った金額に対して期待を超える体験を求めているということである。そのため旅行商品の価格設定については，単純にかかるコストに利益をオンする方法ではうまくいかない。お客様がこの

体験を受けることに対して、この価格であれば高い満足感を得られるだろうという価格設定を、お客様の目線に立って考えることが必要なのである。目指すべき価格設定の方法として、先ほどの商品企画にもつながる考えであるが、商品の「差別化」「高付加価値化」を実現し、お客様が支払いたいと思う適正な価格で提供することであろう。

（4）プロモーションの考え方（Promotion）

情報発信は誘客のための要であり、情報発信をしていない観光地はほとんどない。しかし、ほとんどの場合プロモーションに対する意識が乏しいため、これまでの経験に基づいて漫然と情報発信を行っていることが少なくない。着地型旅行を進めるにあたっては、こうした情報発信のありかた自体を抜本的に見直さなければならない。特に、多様なニーズをもつ旅行者に対応するためには情報発信の方法もさまざまである。効果的な情報発信の方法をしっかり見極め、戦略的にプロモーションを考えていくべきである。

効果的なプロモーション活動のポイントとしては、以下の3点があげられる。

① マスコミの活用によって話題づくりを行う

着地型商品を企画していく上で、切り口の目新しいものや時代のニーズに合致したものであれば、ニュースとして採り上げられる可能性は高い。こうしたマスコミに注目されるような「話題づくり」を行い、プレスリリースやプレスコンタクトなどPR活動を活発化させ取材機会を増やすことで、広域に情報が拡散される可能性が高まる。また、こうした活動は、広告のようなコストがかからないため、どのような小さな地域においてもアイデア次第で大きな効果が生み出される可能性が高い手法である。

② WEBによる情報拡散を促す

ホームページは旬の情報を発信するだけではなく、旅行者の「生の声」を取り入れた双方向のやりとりをできる重要なプロモーションツールである。また、

最近ではfacebook，twitterなどソーシャルメディアと呼ばれる新たな媒体によって，発信した情報が興味深いものであれば，口コミにより一気に拡散していく傾向もある。こうした新たな情報発信ツールを積極的に研究し，うまく活用していくことも必要であろう。

③　リピーター顧客との絆づくり

　一度地域を訪れ着地型旅行を体験した観光客には，その魅力を多くの方に伝える伝道師となってもらえる可能性がある。特に何度も訪れて地域のファンになってもらえることは地域にとって喜びであり，こうした地域のリピーターを囲い込むことを意識したプロモーションも重要である。地域のリピーターとなってもらうためには，まず迎える側が「一度訪れた人に必ずもう一度来てもらう」ことを意識した気概でお客様と接することが第一である。そのうえで，お客様の来訪者データを確実にストックし，DMによる季節の便りや，メールマガジンで旬の情報を発信することによりお客様との関係を深めていくのである。さらに，次回の来訪を促すポイント制度や会員化などの特典を設けることや，地域の情報を少しずつ発信し，地域が進化していることに期待感を抱かせることも，プロモーションとしては効果的である。

3．マーケティング活動の効果検証

　以上のポイントを踏まえマーケティング戦略を実行していくこととなる。これを成功させるためには，PDCAのサイクルが重要である。つまり，実施したことの結果をしっかり検証して次につなげることである。最初から着地型旅行商品がうまくいくとは限らない。マーケティング活動をさらに発展・進化させるために，地域においてしっかりと実施したことを分析し，次の展開の企画に役立てることが肝心なのである。

　以上がマーケティング戦略に基づいた着地型旅行商品のマーケティング戦略のステップであるが，このようなマーケティング活動を実行するには，自治体

や観光事業者が独自で行えるものではないことが理解できるであろう。農家や漁家であったり，商店街の店主であったり，あるいはまちづくりのNPOの人々であったりと，既存の観光関係者や事業者に留まらない幅広い範囲の方々との連携が必要となる。地域の人々が主役となることが基本となるのである。これまで地域の観光を推進してきた観光協会や旅館組合による限られたメンバーだけの取り組みでは，着地型旅行商品を創り出し，支えることはできない。地域をあげた観光まちづくりの体制が求められており，まち全体で旅行者をもてなすことが必要なのである。また，さらに必要なのが旅行会社を含めた外部民間企業との連携である。商品流通，販売の部分で触れているが，地域だけで着地型旅行商品を販売していくことは困難である。旅行会社を含めた外部のリソースを最大限に生かすことが着地型旅行を成功させるために重要なのである。地域においては，今後さらに旅行会社やメディアなど外部の企業との連携，協同を深めていただきたいと思う。

第3節 ＜事例紹介＞成功する着地型旅行とは？

　本章の最後に，着地型旅行企画として成功を収めている地域の事例として，JTBが地域と連携し東京の墨田区のお寺で開催しているイベント「怪談の夕べ」の取り組みをご紹介する。

・取り組みの背景
　2011年3月11日の東日本大震災以降，電力需給の問題から東京では節電が行われ，東京の夏において厳しい暑さが予想されていた。そこで，暗くて暑い東京の夏を楽しむ企画をJTBにおいて模索したところ，地域の企画会社である「有限会社げんごろう」と企画したのが「怪談の夕べ」である。もともと墨田区は民話の町であり，本所七不思議をはじめとする怪談も多く残っており，これまで「有限会社げんごろう」では，民話の舞台公演を通して墨田の魅力を伝える『すみだフォークロア』プロジェクトを企画・運営していた。こうした

民話の1つである怪談を墨田のお寺の本堂で聴けたら面白いという話からスタートしたプロジェクトである。

● 「怪談の夕べ」の概要

＜商品概要＞
- 昔から夏の風物詩と言われる怪談をお寺で聴くプラン。
- 墨田に伝わる怪談を墨田区の由緒あるお寺を舞台に，プロの役者による語りと，生演奏による怪談朗読劇で身体の芯から涼しさを体感。
- 演目は，切なく涙する旗本と花魁心中物語や，怪談には欠かせない「笑い」をたっぷり含んだ作品など3〜4部構成。
- 各お寺ゆかりの作品を盛り込むため会場により演目が異なる。
- 対象は，高校生以上とし主なターゲットとしてカップルを想定。

＜商品の販売＞
- 着地型旅行商品の販売をWEB上で行っているJTB観光情報ナビを活用。
   ※発売開始後，約3週間で完売。

＜販売価格＞
   一般2,500円（こども料金なし）※ペアチケット（2名様）4,000円
   ※お客様が参加しやすい金額として設定。

＜開演時間＞19：00（開場18：30）

＜公演時間＞約60分

＜公演場所＞
   隅田山　多聞寺　本堂，柳嶋妙見山　法性寺　本堂，平河山　法恩寺　本堂，諸宗山　回向院　念仏堂
   ※それぞれのお寺ゆかりの怪談を公演。

提供：森田研作。

●企画の成功ポイント

　この商品のプロモーションには，口コミを活用している。まず，プレス向けのプレ公演に記者を誘致したことで，いくつかのメディア関係者に集まっていただくことができた。これにより，プレス公演のリアルな体験記事が夕刊フジに掲載されると，各メディアから問い合わせ，取材が舞い込みTVの取材も受けることとなる。また，こうした記事がネット上のソーシャルメディアにおいて口コミで広がり，わずか3週間で全6回の公演のチケットを完売した。これは，ちょうど今年の夏の節電にあわせた取組みとしてタイムリーであったことと，希少性の高いコンテンツであったことが功を奏し，マスメディアからソーシャルメディアに派生し一気に情報が広がっていったことが成功の要因である。

　この事例は，着地型旅行の企画において，しっかりターゲットを設定して商品を磨き上げ，マーケティング戦略に基づいた展開により成果をあげることができるモデルとなる事例である。是非着地型旅行商品づくりにおいて参考にしていただきたい。

第4節　おわりに

　観光立国が国の成長戦略に位置づけられ，ますます地域における着地型旅行の企画が進んでいくであろう。着地型旅行が魅力的であれば，多くの人々が訪れ，それをきっかけに交流がはじまり，地域に活力が生まれていく。着地型旅行が地域の新たな未来をつくるといっても過言ではないと思う。今後，全国各地において地域資源を活用した魅力的な着地型旅行がさらに生まれていくことを期待したい。

COLUMN 06　湘南茅ヶ崎の観光
　　　　　　　　　── 魚市場視点よりの現在と将来

　湘南茅ヶ崎の観光と漁業を考えるにあたり，まずは漁場と漁業の現況を明らかにしたい。

　魚場の現況として，茅ヶ崎は相模湾の中心に位置し，東に江の島さらには三浦半島，西には隣接する一級河川相模川そして小田原，真鶴，伊東といった伊豆半島が立地した漁場を形成している。特筆すべきは，約1.5km沖合には有名なエボシ岩が有り豊かな漁場をつくっていることである。ここではサザエ・アワビ・イセエビ・ヒジキ等々が漁獲対象となっており，近年ワカメの養殖が行われるようになった。エボシ岩があるので潮の流れが作用し豊かな海をつくり多種多様な魚が獲れるのだと思われる。当然のことだが，茅ヶ崎海岸には港と荷捌所[1]が整備されており，ここには沖引網漁（白ス漁）船[2]が4隻，刺し網漁舟[3]が4隻あり，他には遊漁船[4]が20隻，磯渡し船[5]が2隻係留されている。地引網船は砂浜よりの出漁となるので港にはないが，通年営業をしているものが2家統ある。

　漁業の現況として，茅ヶ崎はその漁獲が少量多品目という特徴と欠点がみられる。漁の中心は，地引網，刺し網，沖引網が行われており，対象とする魚は，しらす・アジ・イワシ・サバ・カマス・平目・舌平目・サザエ・イセエビ等々，多品目にわたるという特徴をもつ。欠点としては，茅ヶ崎の特徴であるしらす漁が春・夏・秋と年3回の漁期があるが，その漁獲量は現在市内の需要をまかなう程のものではない。というのも港と荷捌所が設定されているが，市場との位置関係が遠く，今日の漁獲量に対して非常に不都合な状況にあるからである。またそのことが漁師の減少にもつながっている。

　観光と漁業の視点に立つ時，かつては「白砂青松」とうたわれた海岸線が浸食に依りひどく後退をしている。しかし風光明媚のなか，観光地引網が1年の内約8カ月間に渡り営業されている。"夏場"には2家統ではなく市内では4家統から5家統が営業を行う。浜辺では地引網で獲った魚を調理し，あるいは

漁師が前もって用意した魚を天ぷら等に調理しふるまわれている。また砂浜にはテントがはられ，机が用意され，飲料水・酒・ビール等がもち込まれ，親戚一同，会社親睦，地域団体，同窓会などさまざまなグループがにぎわいでいる姿がみられる。

　陸に上がってみると，食事処として漁師の直営，またはその縁戚の人々が観光目的の営業を展開している。市民の利用も多く，相模湾の魚を中心とした磯料理が売りとなっており，とりわけ茅ヶ崎産しらす料理は大変な人気を博している。

　将来について思う時，湘南茅ヶ崎は素晴らしい観光立地を有し，まだまだ有望な資源である"魚"を利用しつつ，観光地引網の確立，また遊漁船・渡舟の活用については検討すべき点が多々ある。地引にあっては砂浜の活用，遊漁船・渡舟にあってはエボシ岩や海そのものの活用すべてが未知の可能性を秘めている。これは単に漁協だけの問題でなく，国・県・市または茅ヶ崎市観光協会の協力なくしては達成できるものではない。さらに観光を進めるには水産物のブランド化と地域活性化をふまえ，中間支援団体である市場の協力が必要と思われる。

　海辺の活用とは海と陸と両面を利用した観光であり，夏には水遊び，バーベキュー，冬には素晴らしい景観と夕日のコントラスト，つまり浜辺をすべて楽しむ観光である。

　海そのものの活用とは，エボシ岩，江の島，鎌倉への観光船営業等，またさらには海側に公共駐車場の確保提供からなる観光である。これらの観光へのさらなる対応が必要と思われる。なぜなら，2年後といわれている県央道全面開通をふまえ，国道134号線を利用しての観光が進むことは必至であると考えられるからである。

　最後に，漁業者（1次産業）と魚市場（2次産業）の協力のもとにレストランあるいは魚市場食堂，直売場（3次産業）をおこすことによる6次産業化[6]こそが観光への最後の砦となると思われる。これを行うには神奈川県，茅ヶ崎市，茅ヶ崎観光協会の協調と助言が重要なものとなる。茅ヶ崎の観光と漁業には明

るい将来が来るものと信じてやまない。

注
1) 荷捌所とは，漁獲された魚を洗浄・選別し商品化する場所。
2) 沖引網漁とは，茅ヶ崎では対象魚がシラスであり，船1隻にて行う巻き網漁である。
3) 刺し網漁とは，所定の場所に網を仕掛ける漁，普通一中夜を要する。
4) 遊漁船とは，観光・趣味が目的の釣り船である。
5) 磯渡し船とは，観光・趣味が目的の磯渡し船である。
   茅ヶ崎ではエボシ岩が中心となっている。
6) 6次産業とは，1次産業×2次産業×3次産業のことで，それぞれの産業が一体となって，綜合産業（6次産業）として発展することを目指し，その際どれかが欠けると0となってしまうため，いずれもかかせないという産業間連携のあり方を示すもの。

COLUMN 07　役所を通して観光の魅力を発見

　私は茅ヶ崎市役所に入庁した当時，納税課（現，収納課）に配属となり市税滞納整理事務に従事していた。産業振興課観光担当に配属になったのは，採用されて4年目で，観光客誘致事業や海水浴場の開設事業が主な業務であった。異動当初は，観光に対する知識が浅かったため，茅ヶ崎市の4大まつり（大岡越前祭，湘南祭，茅ヶ崎海岸浜降祭，サザンビーチちがさき花火大会）を1つあげるのがやっとの状態であった。

　しかし，市内中学生や大学生，市外から来訪された方々，そして観光客の誘致イベントで茅ヶ崎に興味をもってくださった方々に茅ヶ崎の観光について紹介する機会が多くあるなかで，案内に不備がないよう勉強を重ねた結果，4大まつりや代表的な観光スポット（えぼし岩を望む「茅ヶ崎サザンC」，大岡越前守忠相の菩提寺「浄見寺」，国史跡に登録されている「旧相模川橋脚」）などの紹介は大体できるようになった。

　一方，紹介を重ねるなかで，マンネリで一辺倒な紹介になっていることに気づいた。もちろん茅ヶ崎をまったく知らない人にはよいかもしれないが，これだけでは自分から聞く姿勢をもった人にしか印象に残らないと感じた。そこで，いかに茅ヶ崎に興味をもってもらうか，そして強く印象づけ，実際に出かけてもらうかに焦点を当て紹介方法を考えはじめたのである。

　効果的な紹介をする第一歩として，まずは自分で地域の資源を回り，自らの目でみて，触れて体感し，地域の方に直接話を伺うことにした。やはり実際にみたものを紹介したほうが，聞き手に伝えやすいし，伝わりやすいと思ったからである。たとえば，ラチエン通りからみたえぼし岩は，目の錯覚だろうか本当に大きくみえる。また，今後さらに充実を目指す小出川の河津桜は新しい見所だと思う。そして，文教大学そばの小出川上流の彼岸花は地域の人々が熱心に整備した土手に咲き誇り，9月下旬の赤い絨毯は圧巻である。これらは，産業振興課に配属前はまったく知らなかった観光資源であった。

このようなまだ知られていない観光資源の情報に加え，聞き手・季節によって紹介する内容を変えるなど工夫をしなければいけないと感じた。小学生には全長70ｍの大型滑り台のある「県立茅ケ崎里山公園」を中心に紹介したり，中学生には花火大会の裏側を紹介し4大まつりに関心をもってもらったり，大学生には市内各地で行われるイベントを紹介したり，中高年の方には民俗資料館や花をテーマに周遊コースを考えて紹介した。

　以上，茅ヶ崎の観光の一部をあげたが，神奈川県の観光名所である箱根や横浜に比べると観光客数は大幅に少なく，温泉や観覧車などがあるわけではなく観光資源が豊富とはいえない。しかし，今日，茅ヶ崎の海を愛し，まちを愛した人々が転入している。海に出かけたり，里山に出かけたり，イベントに参加したり，短パン・ビーチサンダルで歩いたりとそのようなスタイルが茅ヶ崎のライフスタイルである。このライフスタイル自体が観光の魅力だと考えている。茅ヶ崎のライフスタイルをぜひ体感しにお越しいただきたい。

引用文献

第1章 観光とは

［1］Smith, V., *Hosts and Guests: The Anthropology of Tourism,* University of Pennsylvania Press, 1989.

［2］一般社団法人日本旅行業協会ホームページ「旅の力について」
http://www.jata-net.or.jp/about/jata/forth.html（2011年7月27日閲覧）。

［3］尾家建生・金井萬造『これでわかる着地型観光』学芸出版社，2008年。

［4］国土交通省観光庁編『観光白書 平成22年版』日経印刷，2010年。

［5］日本政府観光局『2010年版 JNTO国際観光白書』財団法人国際観光サービスセンター，2010年。

［6］総務省統計局日本標準産業分類，総務省統計局ホームページ，2011年。
http://www.stat.go.jp/index/seido/sangyo/19-4.htm（2011年8月1日閲覧）。

第2章 観光業と地域活性化

［1］池上甲一「まちづくり／地域づくりの系譜と担い手」，鳥越皓之・帯谷博明編著『よくわかる環境社会学』ミネルヴァ書房（所収），2009年。

［2］田中重好「地域社会における公共性――公共性と共同性の交点を求めて（1）――」，地域社会学会編『地域社会学会年報第14集 地域における「公共性」の再編成』ハーベスト社（所収），2002年。

［3］野田浩資「歴史的環境の保全と地域社会の再構築」，鳥越編『講座環境社会学 第3巻 自然環境と環境文化』有斐閣（所収），2001年。

［4］野田浩資「歴史都市と景観問題――「京都らしさ」へのまなざし」，片桐新自編『シリーズ環境社会学3 歴史的環境の社会学』新曜社（所収），2000年。

［5］長谷川公一『環境運動と新しい公共圏――環境社会学のパースペクティブ』有斐閣，2003年。

［6］堀川三郎「歴史的環境保存と地域再生――町並み保存における「場所性」の争点化」，舩橋晴俊・飯島伸子編『講座社会学 12 環境』東京大学出版会（所収），1998年。

［7］堀川三郎「運河保存と観光開発――小樽における都市の思想」，片桐新自編『シリーズ環境社会学3 歴史的環境の社会学』新曜社（所収），2000年。

［8］堀川三郎「景観とナショナル・トラスト――景観は所有できるか」，鳥越皓之編『講座環境社会学 第3巻 自然環境と環境文化』有斐閣（所収），2001年。

［9］金山町ホームページ　http://www.town.kaneyama.yamagata.jp/
［10］庄内町ホームページ　http://www.town.shonai.lg.jp/

第3章　観光業と食

［1］小林哲・横川潤「国際食文化都市ニューヨークの形成過程に関する一考察」『インターカルチュラル（日本国際文化学会年報）』2009年7月号，pp.57-75。
［2］米山俊直・吉田集而『アベセデス・マトリクス—酒の未来図』TaKaRa酒生活文化研究所，世界文化社，2000年。

第4章　多様化・成熟化する観光ニーズ

［1］Boorstin, D., *The Image: a Guide to Pseudo-Events in America.*, New York: Harper, 1964.
［2］Cohen, E., 'Towards a Sociology of International Tourism', *Social Research: An International Quarterly of the Social Sciences*, 39, 1972, pp.164-82.
［3］Cooper, C., Fletcher, J., Gilbert, D. and Wanhill, S., *Tourism: Principles and Practice.* 2nd ed., Essex: Addison Wiley Longman Limited, 1998.
［4］Maslow, A., *Motivation and Personality.* New York: Harper & Row, 1954.（小口忠彦訳『人間性の心理学』産業能率短期大学出版部，1971年）
［5］Ooi, C.S., *Cultural Tourism & Tourism Cultures: the Business of Mediating Experiences in Copenhagen and Singapore.* Copenhagen: Copenhagen Business School Press, 2002.
［6］Pearce, P. and Caltabiano, M., 'Inferring Travel Motivation From Travelers' Experiences' *Journal of Travel Research*, 22(2), 1983, pp.16-20.
［7］Pearce, P. and Moscardo, G., 'The Relationship between Travellers' Career Levels and the Concept of Authenticity', *Australian Journal of Psychology*, 37, 1985, pp.157-74.
［8］Pearce, P., *The Ulysses Factor: Evaluating Visitors in Tourist Settings.* New York: Springer Verlag, 1988.
［9］Takai-Tokunaga, N., *Beyond the Western Myth of the Japanese Tourist: Career Development in Holidaymaking*, Unpublished PhD Thesis, University of Reading, 2007.
［10］『JTB Report 1997　日本人海外旅行のすべて』財団法人日本交通公社，1997年。
［11］『JTB Report 2001　日本人海外旅行のすべて』株式会社ジェイ・ティー・ビー，

2001年。
[12]『JTB Report 2005 日本人海外旅行のすべて』ツーリズムマーケティング研究所，2005年。
[13] 片山美由紀「旅をする理由－引き寄せられて・後押しされて－」前田勇・佐々木土師二監修，小口孝司編『観光の社会心理学－ひと，こと，もの―3つの視点から』北大路書房，2006年，pp.28-43。
[14] 佐々木土師二『旅行者行動の心理学』関西大学出版部，2000年。
[15] 佐藤喜子光「マスツーリズムの時代－旅行業の成立－」井口貢編著『観光学への扉』学芸出版社，2008年，pp.18-34。
[16] 法務省出入国管理統計統計表　http://www.moj.go.jp/housei/toukei/toukei_ichiran_nyukan.html（2011年9月14日閲覧）。

第5章　エコツーリズムとグリーン・ツーリズム

[1] 石森秀三・真板昭夫・海津ゆりえ編『エコツーリズムを学ぶ人のために』世界思想社，2011年。
[2] 海津ゆりえ・真板昭夫「What is Ecotourism？」エコツーリズム推進協議会『エコツーリズムの世紀へ』エコツーリズム推進協議会，1999年。
[3] 環境省編『エコツーリズムさぁ，はじめよう！』財団法人日本交通公社，2004年。
[4]「グリーンツーリズム」山下晋司編『観光学キーワード』，有斐閣，2011年，pp.120-121。
[5] 南信州観光公社公式HP　http://www.mstb.jp/900other/archives/kaisya.html，2009
[6] 村上和夫「農村観光の系譜と諸形態」，前田勇編『現代観光学キーワード事典』学文社，1998年，pp.93-94。
[7] 安島博幸「観光と風景」，岡田伸之編『観光学入門』有斐閣，2001年。
[8] オーライ！ニッポン大賞トップページ　http://www.ohrai.jp/award12/index.html，2011
[9] ツーリズムマーケティング研究所「ニューツーリズムをプロデュースする組織2」http://www.tourism.jp/report/2009/07/2009-07-01/,2009

第6章　アート・文化とツーリズム

[1] 井上由佳「魅力ある文化施設づくり」山口一美・椎野信雄（編）『はじめての国際観光学』創成社，2010年，pp.158-171。

［2］河島伸子「文化政策の評価」後藤和子（編）『文化政策学：法・経済・マネジメント』有斐閣，2001年，p.148。
［3］後藤和子編『文化政策学：法・経済・マネジメント』有斐閣，2001年。
［4］堀川記年ほか編『国際観光学を学ぶ人のために』世界思想社，2003年。
［5］山口一美・椎野信雄編著『はじめての国際観光学』創成社，2010年。
［6］山口裕美『観光アート』光文社，2010年。
［7］山本謙治「アート・ツーリズム」堀川記年他（編）『国際観光学を学ぶ人のために』世界思想社，2003年，pp.194-216。
［8］せとうち美術総合ネットワーク・ウェブサイト　http://www.jb-honshi.co.jp/museum/
［9］福井県立恐竜博物館ウェブサイト　http://www.dinosaur.pref.fukui.jp

第7章　ホスピタリティの技術

［1］Damhorst, M.L., "Meanings of clothing cues in social context", *Clothing and Textiles Research Journal*, Vol.3, 1985, pp39-48.
［2］Deutsch, F. M., LeBaron, D., & Fryer, M. M., "What is in smile?", *Psychology of Women Quarterly*, Vol.11, 1987, pp341-352.
［3］Ekman, P., "Facial expressions of emotion: New findings, new questions", *Psychological Behavior*, Vol.15, 1992, pp34-38.
［4］Mehrabian, A., "Nonverbal communication", Aldine-Atherton, 1972.
［5］Zajonc, R. B., "Emotion and facial efference: A theory reclaimed", *Science*, Vol.228, 1985, pp.15-21.
［6］大坊郁夫「あいさつ行動と非言語的コミュニケーション」『國文学』44巻，1999年，pp.28-33。
［7］神山進・牛田聡子・枡田庸「服装に関する暗黙裡のパーソナリティ理論（第2報）」『繊維製品消費科学』第28巻，1987年，pp.378-389。
［8］観光省『平成20年度観光白書』観光省，2008年。
［9］志水彰・角辻豊・中村真『人はなぜ笑うのか』講談社，1994年。
［10］清水滋『現代サービス産業の知識』有斐閣，1993年。
［11］諏訪茂樹『人と組織を育てるコミュニケーショントレーニング』日経連出版，2000年。
［12］深田博己『インターパーソナル・コミュニケーション―対人コミュニケーションの心理学』北大路書房，1998年。

[13] 星野欣生『人間関係づくりトレーニング』金子書房，2003年。
[14] 山口一美・小口孝司「サービス産業におけるスマイル研究の展望」『産業組織心理学研究』11巻，1998年，pp.3-13。
[15] 山口一美「観光業におけるホスピタリティ」小口孝司編『観光の社会心理学』北大路書房，2006年，pp.74-88。
[16] 山口一美「外見より中身は企業で通用するか?」菅原健介編著『ひとの目に映る自己』2007年，pp.182-195。

第8章　顧客満足を測る

[1] Carlzon, Y., "Riv Pyramiderna", Albert Bonniers Forlag AB., 1985. (カールソン, Y., 堤猶二訳『真実の瞬間』ダイヤモンド社，1991年)
[2] Christopher, M., "The customers service planner ?", Butter Worth-Henenamm, 1993.
[3] Iacobucci, D., Grayson, K. A. and Ostrom, A. L., "The Calculus of Service", Quality and Customer Satisfaction, 1994. Swartz, T. A., Bowen, D. E. and Brown, S. W., *Advances in Services Marketing and Management* Vol.3, JAI Press, pp.9-15.
[4] Lovelock, H. C., "Product Plus", McGraw-Hill, 1994.
[5] Reichheld, F. F. "The one number you need to grow", Harvard Business School Publishing Cooperation, July., 2003. (ライクヘルド, F. F『顧客ロイヤルティを測る究極の質問』ハーバードビジネスレビュー，7月号，2004年)
[6] Sasser, W. E. Jr. & Reichheld, F. F., "Zero Defection Quality Comes to Services", Sep. 1990 (サッサー, W. E. とライクヘルド, F. F.『サービス産業のZD運動』1月号，1991年)
[7] 近藤隆雄「顧客満足 (CS) 経営再考」『RIRI』流通産業研究所，1997年。
[8] 近藤隆雄『サービス・マーケティング　サービス商品の開発と顧客価値の創造』生産性出版，2010年。
[9] 三枝利隆『すぐに使える顧客満足度調査の進め方』生産性出版，2008年。

第9章　おもてなしが届くマーケティング

[1] 石井淳蔵・栗木契・嶋口充輝・余田拓郎『ゼミナール　マーケティング入門』日本経済新聞出版社，2010年。
[2] 白井義男『ツーリズム・ビジネス・マネジメント　サービス・マネジメント・アプローチ』同友館，2010年。

［3］ジョンS.ブルーイット・タマラ・アドリン，秋元芳伸・岡田泰子・ラリス資子訳『ペルソナ戦略』ダイヤモンド社，2008年。
［4］バート・ヴァン・ローイ，ポール・ゲンメル，ローランド・ヴァン・ディードンク編，白井義男監修，平林祥訳『サービス・マネジメント—統合的アプローチ（上），（中），（下）』ピアソンエデュケーション，2004年。
［5］フィリップ・コトラー，木村達也訳『コトラーの戦略的マーケティング』ダイヤモンド社，2007年。
［6］宮崎哲也『ポケット図解　フィリップ・コトラーの「マーケティング」が解る本』秀和システム，2006年。

第10章　宝探しから宝磨きへ

［1］東徹「第10章観光における開発と保護」，前田勇編著『現代観光総論』，学文社，2010年。
［2］石原照敏・安福恵美子・吉兼秀夫編『新しい観光と地域社会』古今書院，2000年。
［3］石森秀三・真板昭夫編『エコツーリズムの総合的研究』国立民族学博物館調査報告（Senri Ethnological Reports）23』国立民族学博物館，2003年。
［4］尾家建生・金井萬蔵『これでわかる！着地型観光』学芸出版社，2008年。
［5］二戸市『平成18年1月1日条例第19号　二戸市宝を生かしたまちづくり条例』二戸市，2006年。
［6］真板昭夫・海津ゆりえ「島嶼における住民参加による自律的観光を通じた地域活性化と発展モデルの研究」京都嵯峨芸術大学紀要第31号，京都嵯峨芸術大学，2006年，pp.21-28。
［7］真板昭夫・比田井和子・高梨洋一郎『宝探しから持続可能な地域づくりへ』学芸出版社，2010年。
［8］吉本哲郎『地元学をはじめよう（岩波ジュニア新書）』岩波書店，2008年。
［9］総務省HP　http://www.soumu.go.jp/gapei/gapei2.html

第11章　エコツアーガイド・プログラム

［1］国土交通省総合政策局観光部監修『実践講座　インタープリテーション—楽しいツアーづくりのためのプログラム開発と伝えるテクニック—』日本交通公社，2002年。

第12章　成功する着地型旅行商品企画とは

［1］『地域観光マーケティング促進マニュアル』国土交通省，2006年。

おわりに

　この書籍は，平成22年度文教大学学長調整金による事業支援申請「湘南エリア観光企画力育成講座の開講（申請代表者：山口一美）」の助成金を受けて，文教大学湘南校舎にて2010年7月のシンポジウムの開催，続く，9月18日から12月18日まで土曜日計8回（25時間＋現地調査）実施，開講された「湘南観光魅力発見講座」の講義内容をもとに企画，執筆された書籍である。

　講座の申請は，茅ヶ崎市にある唯一の大学として地域にとってのシンクタンク機能を担う存在になりたい，地域との連携をしたい，学生たちに地域のことを知ってもらいたいなどという熱い想いに加えて，観光立国を目指すわが国にとって，地域資源を活かした観光地づくりを推進できる人材育成が急務であるという課題を達成するために行ったものである。それらの想いや課題を達成するために，講座では主に3つの目的を掲げた。それらは，①観光学の基礎知識を習得および湘南エリアの資源を発見する方法を学ぶ，②演習，現場体験を通して，観光の企画，提案，発表を実施する能力を育成する，③講座，現場体験を通して地域との連携を深める，であった。これらの目的を達成するために，運営ならびに講師として主に国際観光学科の教員（海津ゆりえ，高井典子，那須一貴，山口）があたり，国際理解学科の教員の協力にくわえて茅ケ崎市自治体の関係者，茅ケ崎市の企業家，観光事業に関わっている方々などに講師を御引き受けいただき，開講した講座であった。講座には市民の受講生のべ60名のご参加をいただき，熱心な講義受講と活発な意見交換がなされた。加えて本学の大学院生，学部生17名が参加をし，講義の受講，討論参加，講義内での司会などを行った。講座の受講を通して，市民の方々には地域資源の価値に気づき，地域全体で交流文化産業である観光を支える意識の醸成の育成に少なからず貢献できたのではないかと自負している。また，学生にとっては，観光現場で求められる知識や企画力を養うとともに，多様な人材と交わることで担い手として必要なネットワーク力を養うことができたと考えている。

講座は終了したが，魅力ある地域資源を活かした観光地づくりを推進できる人材の育成の必要性は依然課題として残されている。観光を専攻している学生はもとより，観光事業者や地方自治体の方々，地域住民をはじめとする広く観光に興味をもっている方々に，どのように観光の魅力を再発見し，地域資源を活かした観光地づくりを推進すれば良いのか，その示唆を得てもらう意図で本書を作成することとした。

　それぞれの章は講座で講義を担当した各分野の専門の先生方や観光事業に従事している方々が担当，執筆し，コラムはシンポジウムのパネラーとして参加をして下さった方々や自治体関連の方々にご寄稿していただいた。

　本書の編集は，講座実施の責任者であったという理由から山口が務めさせていただいた。不十分なところはすべて編者の至らぬところであるが，読者諸兄姉の皆様には，お気づきの点はなにとぞご指摘，ご指導をお願いしたい。

　本書の作成にあたり，その基礎となった講座をご後援いただいた茅ケ崎市役所，茅ケ崎市観光協会にお礼を申し上げる。また，学長調整金助成の承認をしてくださった文教大学学長大橋ゆか子先生，国際学部の教員の皆様，総務課課長の宮越昭彦氏，星昌子氏，水口まな氏にお礼を申し上げるとともに，本書の企画段階から公刊に至るまで多大なご迷惑をおかけした創成社の廣田喜昭氏には深く感謝を申し上げる。

　さまざまな想いのもとに生まれた本書が，多くの方にご覧いただき，ご批判を賜り，地域資源を活かした観光地づくりを推進できる人材の育成の一助となるように，また研究者にとっては次の研究や実践への応用に役立つことを願っている。

2011年9月

編著者　山口一美

索　引

［あ］

- あいさつ ………………………111
- IT化 ……………………………38
- アイデンティファイ …………26
- アグリツーリズム ……………78
- アート …………………………86
  - ──鑑賞 ……………………86
  - ──・文化体験 ……………87
- アベセデスマップ ……………34
- 異質性 …………………………133
- 5つの主体 ……………………83
- 意味づけ ………………………20
- 西表国立公園 …………………72
- インターネット ………………187
- インタープリテーション ……170
- エコツアー …………71, 75, 171
- エコツアーガイド ……………170
  - ──の役割 …………………172
  - ──・プログラム …………170
- エコツーリズム ………………69
  - ──推進法 …………………74
- エコミュージアム ……………167
- エスコート付き旅行 …………186
- NPO法人日本エコツーリズム協会 …69
- 小笠原村 ………………………72
- お客様の期待線 ………………141
- おもてなし ……………………105
- オーライ！ニッポン運動 ……79
- オーライ！ニッポン大賞 ……80

［か］

- 海外個人自由旅行（Foreign Independent Travel）………………………56
- 海外渡航自由化 ………………52
- 海外パッケージツアー ………53
- 外食産業 ………………………34
- ガイド技術 ……………………175
- 格付け …………………………40
- 活性化 …………………………19
- 株式会社南信州観光公社 ……81
- 観光産業 ………………………3
- 観光ツアー ……………………88
- 観光と食 ………………………34
- 観光ニーズ ……………………51
- 観光の流通構造 ………………10
- 官主導型 ………………………43
- 官民協同 ………………………42
- きき方 …………………………109
- 企業の成長率 …………………130
- 聴く ……………………………110
- 聞く ……………………………109
- 共同性 …………………………23
- 業務的サービス ………………107
- 口コミ …………………………130
- 国の光を観る …………………153
- グリーン・ツーリズム ………78
  - ──法 ………………………79
- グローバル性 …………………35
- 経済波及効果 …………………6
- 言語的行動 ……………………111

工業的 …………………………………35
高付加価値化 …………………………185
顧客満足 ……………………119, 135
　　　──度調査 ……………………126
顧客ロイヤルティ ……………………124
国際自然保護連合（IUCN）………71
コスタリカ ……………………………71
コミュニケーション …………………106
　　　──スキル ……………………109
コミュニティ・ベースド・ツーリズム
　…………………………………………167
雇用創出効果 ……………………………6
コンセプト ……………………………36

[さ]

ザガット・サーベイ …………………40
里海 ………………………………………73
里山 ………………………………………73
サービス ………………………………107
　　　──産業 …………………………7
　　　──の価格決定 ………………140
サービスの品質 ………………………120
　　　──への期待 …………………121
差別化 …………………………………185
思想 ………………………………………23
市民参加 ………………………………25
地元学 …………………………………166
自由自在な旅行者（Versatile Tourist）
　……………………………………………64
集落 ……………………………………153
消滅性 …………………………………133
自律的な旅行者 ………………………65
自立的な旅行者 ………………………65
新規顧客 ………………………………126
真実の瞬間（moment of truth）……123

スケルトン・パッケージ（Skelton
　Package）……………………………55
スペシャル・インタレスト・ツアー
　（Special Interest Tour）…………55
スポンサー ……………………………90
生産波及効果 ……………………………6
税収効果 …………………………………6
精神的サービス ………………………107
世界遺産 ………………………………87
総合保養地整備法 ……………………68

[た]

対象マーケットの明確化 ……………183
態度的サービス ………………………107
宝 ………………………………………154
宝探し …………………………………154
　　　──の5段階理論 ……………162
ターゲティング ………………………138
地域活性化 ……………………………70
地域社会 ………………………………19
地域振興 ………………………………96
地域の思想 ……………………………23
着地型観光 ……………………………13
着地型旅行 ……………………………181
着地型旅行商品 ………………………182
　　　──企画 ………………………183
ツーリズム・ベール …………………78
ツーリズモ・ベルデ …………………78
テンミリオン計画 ……………………54

[な]

二戸市 …………………………………154
二戸宝を活かしたまちづくり条例 ……161
日本型エコツーリズム ………………73
日本標準産業分類 ………………………9

索　引　209

ニューツーリズム …………………181
農業的 ……………………………35
農山漁村滞在型余暇活動促進法 ………79
農村で休暇を ……………………78

[は]

バカンス法 ………………………78
博物館 ……………………………86
場所 ………………………………23
パッケージツアー ………………67
発地型観光 ………………………14
話し方 ……………………………110
パブリシティ ……………………143
東アフリカ ………………………71
非言語的行動 ……………………111
美術館 ……………………………86
美術鑑賞 …………………………89
美術館ネットワーク ……………92
表情筋 ………………………112, 113
表情と笑顔 ………………………111
ファミリーレストラン …………37
不可分性 …………………………133
Price（価格）……………………184
プラットフォーム ………………38
ブランド構築 ……………………134
ブランド力 ………………………90
プランニング ……………………22
Place（流通, 販売）……………184
プレミアム消費 …………………185
Product（商品）…………………184
Promotion（販促活動）…………184
プロモーション …………………143
文化 ………………………………86
──施設 …………………………85
──的要素 ………………………20

ホエールウォッチング …………72
ホスピタリティ …………………105

[ま]

マーケットの把握 ………………183
マーケティング …………132, 134
　──戦略 ………………132, 183
　──ミックス …………………184
マスタープラン …………………24
マスマーチャンダイジング ……36
マスメディア ……………………39
まちづくり ………………………21
まちなみ保存運動 ………………28
ミシュラン ………………………39
身だしなみ ………………………111
ミュージアム ……………………87
民主導型 …………………………43
無形性 ……………………………133

[や]

屋久島 ……………………………73
輸出としての観光 ………………7

[ら]

リゾート法 ………………………68
リピートオーダー ………………130
旅行キャリアモデル（Travel Career Ladder）………………………61
ルーラルツーリズム ……………78
労働集約型 ………………………37
ローカル性 ………………………35

[わ]

枠組み ……………………………108

《著者紹介》

髙井典子（たかい・のりこ）担当：第1章，第4章
　文教大学国際学部国際観光学科准教授

山田修嗣（やまだ・しゅうじ）担当：第2章
　文教大学国際学部国際理解学科准教授

横川　潤（よこかわ・じゅん）担当：第3章
　文教大学国際学部国際観光学科准教授

高橋十大（たかはし・じゅうだい）担当：コラム1
　有限会社湘南ちがさき屋十大　代表取締役

新谷雅之（しんたに・まさゆき）担当：コラム2
　一般社団法人茅ケ崎市観光協会　事務局長

海津ゆりえ（かいづ・ゆりえ）担当：第5章，第10章
　文教大学国際学部国際観光学科准教授

井上由佳（いのうえ・ゆか）担当：第6章
　文教大学国際学部国際観光学科専任講師

森　英治（もり・えいじ）担当：コラム3
　湘南ちがさきサザンビーチサーフハウス代表，ちがさきサーフィン業組合副理事

三橋清高（みつはし・きよたか）担当：コラム4
　伊右衛門農園代表，茅ケ崎海辺の朝市会長

那須一貴（なす・かずたか）担当：第9章
　文教大学国際学部国際観光学科准教授

熊澤茂吉（くまざわ・もきち）担当：コラム5
　熊澤酒造株式会社　代表取締役

楠部真也（くすべ・まさや）担当：第11章
　株式会社ピッキオ　マーケティングディレクター・取締役

加藤　誠（かとう・まこと）担当：第12章
　株式会社ジェイティービー　地域交流ビジネス統括部長

粂　仁夫（くめ・まさお）担当：コラム6
　株式会社茅ケ崎丸大魚市場　代表取締役

山崎　哲（やまざき・さとし）担当：コラム7
　茅ケ崎市役所都市部都市政策課

《編著者紹介》

山口一美（やまぐち・かずみ）担当：はじめに，第7章，第8章，おわりに
　文教大学国際学部学部長，国際観光学科教授。

主要著書

『夢実現へのパスポート―大学生のスタディ・スキル―』（共著）創成社，2011年。
『夢実現へのパスポート』（編著）創成社，2011年。
『はじめての国際観光学』（編著）創成社，2010年。
『なぜ人は他者が気になるのか　人間関係の心理』（共著）金子書房，2010年。
『仕事のスキル　自分を活かし，職場を変える』（共著）北大路書房，2009年。
『旅のもてなしプロデューサー　心編』（共著）ぎょうせい，2008年。
『観光の社会心理学　ひと，こと，もの―3つの視点から』（共著）北大路書房，2006年。
『自分らしく仕事をしたいあなたへ』（単著）大和書房，1998年。

（検印省略）

2011年11月20日　初版発行　　　　　　　　　　　略称－はじめて魅力

はじめての観光魅力学

編著者　山口一美
発行者　塚田尚寛

発行所　東京都文京区　株式会社　創 成 社
　　　　春日2-13-1
　　　　電　話　03（3868）3867　　FAX 03（5802）6802
　　　　出版部　03（3868）3457　　FAX 03（5802）6801
　　　　http://www.books-sosei.com　振　替　00150-9-191261

定価はカバーに表示してあります。

©2011 Kazumi Yamaguchi　　　組版：でーた工房　印刷：S・Dプリント
ISBN978-4-7944-2377-1 C3034　　製本：宮製本所
Printed in Japan　　　　　　　　　落丁・乱丁本はお取り替えいたします。

―――― 創 成 社 の 本 ――――

はじめての観光魅力学	山口　一　美	編著	2,300円
はじめての国際観光学	山口　一　美 椎野　信　雄	編著	2,300円
夢実現へのパスポート	山口　一　美	編著	1,400円
夢実現へのパスポート ―大学生のスタディ・スキル―	山口・横川・林 海津・髙井 赤坂・阿野	著	1,400円
市民のためのジェンダー入門	椎野　信　雄	著	2,300円
[新編] グローバリゼーション・スタディーズ ― 国 際 学 の 視 座 ―	奥田　孝　晴 藤巻　光　浩 山脇　千賀子	編著	2,500円
はじめてのキャンパス・ライフ	山本・石塚・須田 長崎・齊藤・平井	編	1,500円
子どもを守る危機管理術	大泉　光　一	著	1,600円
市民参加のまちづくり [英国編] ―イギリスに学ぶ地域再生とパートナーシップ―	浅見　良　露 西川　芳　昭	編著	1,800円
市民参加のまちづくり [事例編] ―NPO・市民・自治体の取り組みから―	西川・伊佐・松尾	編著	2,000円
市民参加のまちづくり [戦略編] ―参加とリーダーシップ・自立とパートナーシップ―	松尾・西川・伊佐	編著	2,000円
会計専門職大学院に行こう！[2012年度版]	会計専門職大学院に 行こう！編集委員会	編	1,800円
数字でみる観光 [2010-2011年度版]	㈳日本観光協会	編	600円
商店街の経営革新	酒巻　貞　夫	著	2,000円
よくわかる幼稚園実習	百瀬　ユカリ	著	1,800円
よくわかる保育所実習	百瀬　ユカリ	著	1,500円
すぐに役立つ保育技術	百瀬　ユカリ	著	1,400円

（本体価格）

―――― 創 成 社 ――――